凝聚共识与创新发展研究

桑建泉　著

ZHEJIANG UNIVERSITY PRESS
浙江大学出版社
·杭州·

图书在版编目(CIP)数据

凝聚共识与创新发展研究 / 桑建泉著. —杭州：
浙江大学出版社,2022.9
ISBN 978-7-308-22807-7

Ⅰ.①凝…　Ⅱ.①桑…　Ⅲ.①技术革新—研究　Ⅳ.
①F062.4

中国版本图书馆 CIP 数据核字(2022)第 116578 号

凝聚共识与创新发展研究
桑建泉　著

责任编辑	徐素君	
责任校对	梁　兵	
封面设计	雷建军	
出版发行	浙江大学出版社	
	(杭州市天目山路 148 号　邮政编码 310007)	
	(网址:http://www.zjupress.com)	
排　　版	杭州隆盛图文制作有限公司	
印　　刷	杭州钱江彩色印务有限公司	
开　　本	710mm×1000mm　1/16	
印　　张	12	
字　　数	200 千	
版 印 次	2022 年 9 月第 1 版　2022 年 9 月第 1 次印刷	
书　　号	ISBN 978-7-308-22807-7	
定　　价	45.00 元	

序

党的十八大以来，中国共产党紧密结合时代特点，勇于直面党所面临的国际国内各项重大挑战，围绕中华民族伟大复兴的战略全局和世界百年未有之大变局，以巨大政治勇气和顽强斗争精神，推出一系列重大举措，解决了许多长期想解决而没有解决的难题，办成了许多过去想办而没有办成的大事，推动党和国家事业发生了历史性变革。在国际关系领域的体现就是，中国坚持走和平发展道路，承诺自己将承担更多国际责任、推动完善现有国际经济体系、提供更多国际公共产品，以促进各方实现互利共赢。

马克思所处的时代，是欧洲资本主义从兴盛到危机爆发的时代，同时也是共产主义被作为"幽灵"而遭到旧欧洲一切势力"神圣围剿"的年代。马克思的一生，就是在这一背景下为追求真理、勇攀思想高峰而不畏艰险的一生，为推翻旧世界、实现人类解放的新世界而不懈奋斗的一生。

对于中国共产党和中国人民来说，目标是实现中国核心利益与人类共同利益、发展中国特色社会主义与为人类和平发展事业作出贡献的统一。为人类不断作出新的更大的贡献，是中国共产党和中国人民作出的庄严承诺。中国将积极参与全球治理体系建设，努力为完善全球治理贡献中国智慧，始终做世界和平的建设者、全球发展的贡献者、国际秩序的维护者，不但要把世界的机遇变成中国的机遇，而且要把中国的机遇变成世界的机遇，以此支持各国共同发展；同时，又决不放弃我们的正当权益，不拿自己的核心利益做交易，不会吞下损害我国主权、安全、发展利益的苦果。

当今国际,世界多极化、经济全球化、文化多样化和社会信息化的国际形势基本特点,一方面决定了各种全球性非传统安全问题层出不穷,从而对国际秩序和人类生存构成了严峻挑战;另一方面决定了各国相互依存、休戚与共,国际社会日益成为一个你中有我、我中有你的利益共同体。面对复杂的全球性问题,任何国家都不可能独善其身。因此,当代人类迫切需要在现有的国际境遇中思考如何凝聚共识与创新发展的重大命题。

于人类文明的继续行进而言,一种创新发展的方案应该是对人类文明发展道路多样化的肯定而非否定,其能够为人类文明发展提供新资源;应该是对传统苏联社会主义模式的超越而非简单复苏,其能够赋予科学社会主义以新内涵;应该是对现行世界经济政治体系朝着公平正义方向的推进而非颠覆,其能够通过促进世界和平发展事业从而为推进人类解放进程作出新贡献。

在两个大局交织的时代境遇中,关于如何进一步凝聚共识与推动创新发展,桑建泉博士在书中进行了尝试性的学理回应。事实上,本书作者在博士求学期间就非常关注创新理论和文明理论的相关问题,本书的成稿实际上是作者近几年来相关思考成果的系统化呈现。希望作者今后能围绕创新理论和文明理论进一步努力,提出更多有深度、有见地、有现实意义的理论见解!

陈锡喜

于上海交通大学

目　录

第一章 绪 论

一、凝聚共识与创新发展的概念探析

创新，是指基于现有社会条件进行的，能够增加社会正向收益的创造性理论和实践活动。古往今来，创新在推进人类社会进步、推动人类文明跃迁方面一直发挥着重要作用，即创新始终伴随着人类共同体的演进与进步。步入 21 世纪后，创新在加快推动人类发展进步方面扮演着越来越重要的角色。虽然事实上的创新思维与创新实践已有上千年历史，但作为一种专门的思维方法和行为指南，创新是直到 20 世纪才开始出现的一种全新理论行为。

作为"创新理论"的鼻祖，美籍奥地利政治经济学家约瑟夫·熊彼特对创新理论给出了经典阐释。1912 年，约瑟夫·熊彼特在《经济发展理论》中分析了"创新"范式及其在经济发展中的巨大作用。结合自己生活时代的发展境况，熊彼特认为创新是将一种从来没有过的关于生产要素和生产条件的"新组合"引入生产体系。此类新组合大致可以归纳为五种情况。第一，引进新产品或一种产品的新特性；第二，采用新技术，即新的生产方法；第三，开辟新市场；第四，征服或控制原材料或半成品的新的供给来源；第五，实现企业的新组织①。与前述五个方面相对应，学者们将熊彼特的创新理论的主要意涵归纳为五个维度，即"产品创新、工艺创新、市场创新、资源配置创新、组织创新"。熊彼特之后，美国经济史

---

① 熊彼特.经济发展理论[M].孔伟艳，等译.北京：北京出版社，2008：38.

学家和发展经济学家沃尔特·罗斯托着重分析了"技术创新"在创新活动中的重要地位。之后,美国学者埃弗雷特·罗杰斯从大众传播维度提出的通过媒介劝服人们接受新观念、新事物、新产品的理论,再一次丰富和发展了经典创新理论。经典创新理论主要从技术与经济相结合的角度,探讨了生产技术革新、生产方法变革在经济社会发展过程中的重要作用。

步入 21 世纪后,随着技术创新的广泛应用,创新的难度越来越大,其对基础学科创新的依赖性越来越强。学术界进一步对技术创新进行了反思,更加明确创新是各创新主体、创新要素交互的复杂作用下的一种复杂涌现现象,是创新生态下技术进步与应用创新的双螺旋创新结构共同演进的产物。可以说随着学术界对技术创新的进一步理性认识和深度反思,现代意义的创新无论从内涵还是从外延维度都得到了极大拓展,创新目前多被视为包含创新主体、创新要素、创新机制在内,多种创新要素交互作用的复杂生态系统。

创新是根据实践要求不断进行的创造性改造和发展,理论创新和实践创新的良性互动是现代创新的基本方法论,而效益实现愈发成为现代创新的重要导向。效益实现既是参与主体创造价值的过程,也是成果分配面向参与主体的过程。由此,凝聚参与主体的广泛共识成为创新发展的基础,创新发展则构成凝聚共识的升华,两者在发展层次上呈现出递进关系。

人类文明的演进是共同体公共诉求不断增加并逐步得以满足、公共利益实现渠道日益多样化的过程。人类在文明演进过程中不断解决公共领域出现的各种问题,在求同存异中实现治理价值与治理手段公共性的双向统一,追求包括达成共识并确立共识性价值观在内的各种公共问题的和谐解决。凝聚共识对社会整合与凝聚、对推进人类社会发展进步具有重要的价值意义和功能作用。凝聚共识的过程是人类共同体在解决公共问题、协调公共利益、维持公共秩序、实现公共价值目标过程中沉淀公共文化并形成相对一致价值观念的过程。

全球化以来,各国之间的联系日益密切。尽管当下出现了"逆全球化"的喧嚣,但人类已经不可能回到各自封闭的孤岛状态。展望未来发展,人们生活在一个紧密相连的共同体中,面临大致相同的问题,有着基本相同的利益需求和价值取向,使得处于当代境遇的人类社会成员之间形成共识性价值观成为一种现实的可能。文明交流互鉴应遵循相互尊重、相互促进、相互包容、创新发展的基本原理,追求平等、多元、开放、和谐、共生的价值理念,以实际行动推动文明交流互鉴,为世界增加更多确定性与希望。① 此外,凝聚和形成共识对于人类社会的创新发展和各国主体自身利益的实现是必要的、有利的要素,人类共同体的存在与运行、创新与进步都不能离开价值共识的有效支持。一言以蔽之,凝聚共识对创新发展的基础性作用、凝聚共识与创新发展的关系应该得到我们的充分关注和学理阐释。

二、国内学界的相关研究现状与未来展望

有学者指出,为克服多边主义发展史上罕见的共识稀缺困境,多个民族国家和国际组织都已在关键议题领域进行了凝聚共识的创新努力。② 当前,国内学者们围绕具体内涵与理论特征、理论渊源与时代贡献、现实意义与实践路径等维度对凝聚共识进行了深入探讨,取得了可喜的研究成果。梳理国内学界关于凝聚共识的相关研究成果,不仅有助于理解凝聚共识本身的丰富内涵,还有助于厘清凝聚共识的现实效用。

(一)凝聚共识的具体内涵与理论特征

1.凝聚共识的具体内涵

"共同利益表达"论。凝聚共识需要经济基础③,石云霞认为,在当

---

① 惠春琳.文明交流互鉴的理论逻辑与实践启示[J].山东大学学报(哲学社会科学版),2022(2):97-107.

② 李晓燕.从多边主义到新多边主义:共识稀缺困境及其出路[J].学术界,2022(5):44-57.

③ 桑建泉.参与式民主对转型期中国社会共识的凝聚及其意义[J].齐齐哈尔大学学报(哲学社会科学版),2015(7):14-15,22.

代世界人民有共同的利益诉求就必然有共同的价值取向,这已经成为不争的事实。[①] 孙伟平指出,凝聚共识反映出世界各个民族、国家、地区的人民的利益和需要,其超越了多层次的具体主体(宗教、民族、国家、地区、阶级、阶层、党派、群体及具体个人)界限的价值信仰(信念)、价值理想、价值标准。[②] 赵士发提出,共识需要反映绝大多数人的根本利益和价值追求,应使之成为人类处理人与世界关系的共同价值准则。[③]

"价值共识"论。凝聚共识即凝聚价值共识。社会共同体的存在与运行离不开共识性价值观的支持[④]。韩庆祥等认为,共同价值是人类社会处理人与自然、人与社会、人与人、人与自我等关系的共同价值准则,也是人类共同努力的方向。[⑤] 汪亭友指出,共同价值是指主体间为满足共同的需求、实现共同的利益而达成的价值共识,是一种共识价值。这样的价值现象是广泛存在的,它可以在社会的不同层面达成,如国与国之间的价值共识,甚至全人类的价值共识。[⑥] 冯建军指出,共同价值超越了某一特定国家、民族的价值,但它不是凌驾于国家、民族之上的价值,而是基于国家、民族价值之共同性的价值。[⑦] 项久雨认为,共同价值反映的是不同个体、民族、国家之间的共性,是人类在认识和改造世界的过程中、在各民族文化交流和融合的过程中自然形成的。[⑧] 也有学者认为,"和平、发展、公平、正义、民主、自由"的全人类共同价值赢得了国际社会一致认可,是当今社会的价值共识。[⑨]

"全球价值观"论。凝聚共识应形成一种全球价值观。吴泽群认为,

① 石云霞.习近平人类命运共同体思想科学体系研究[J].中国特色社会主义研究,2018(2):18-24.

② 孙伟平."人类共同价值"与"人类命运共同体"[J].湖北大学学报(哲学社会科学版),2017(6):6-9.

③ 赵士发.习近平治国理政思想的价值观意蕴[J].理论探索,2017(3):49-54.

④ 崔浩,桑建泉.价值观共识:社会主义核心价值观建设与国家治理的一致目标[J].观察与思考,2015(12):17-21.

⑤ 韩庆祥,陈远章.人类命运共同体与中华新文明[N].学习时报,2017-6-26(01).

⑥ 汪亭友."共同价值"不是西方所谓"普世价值"[J].红旗文稿,2016(4):8-10.

⑦ 冯建军.迈向人类命运共同体的价值教育[J].高等教育研究,2018(1):1-8.

⑧ 项久雨.莫把共同价值与"普世价值"混为一谈[N].人民日报,2016-3-30(07).

⑨ 杨宏伟,刘栋.论构建"人类命运共同体"的"共性"基础[J].教学与研究,2017(1):91-96.

共同价值是一种超越各国意识形态差异的全球价值观。不同文明多元共生、包容共进,是人类应有的价值选择和共同归宿。① 林伯海等认为,"和平、发展"反映了人类的生存价值观;"公平、正义"反映了人类的社会价值观;"民主、自由"反映了人类的政治价值观。② 邵发军提出,全人类的共同价值是对当代人类文明基本价值观的一个总的表达,它引导着人类命运共同体的具体的价值观,即共同生存发展观、共同权利义务观、国际公共权力观、共同利益合作观、可持续性发展观、全球共同治理观,它们与全人类的共同价值一起构成具有梯度层次的价值观体系。③

"价值目标"论。 凝聚共识需达成特定的价值目标。郝立新等指出,"共同价值"可以概括为实现持久和平、共同发展、文明进步的价值目标。"人类命运共同体"是"共同体"范畴在时空上的延伸和扩展,共同体为了实现共同价值而采取联合行动,进而维护集体的长期存续。④ 邹广文等认为,人类共同价值是人类命运共同体的价值目标,"人类命运共同体"的提出在现代性价值基础层面建构了一个全新的全球化图景,彻底纠正了由西方世界主导的价值诉求。⑤

2.凝聚共识的理论特征

三要素论。 有学者认为,凝聚共识的理论特征体现为三点:一是普遍适用性。共同价值不是仅适合于个别、少数、大多数,而是适合于全人类。二是共建共享性。共同价值体现了不同国家和民族对其的参与性、互动性,它是各国、各民族共同建立、共同享有的价值。三是开放包容性。共同价值不同于西方所谓的"普世价值",它欢迎世界上各国家、各

---

① 吴泽群.共同构建人类命运共同体[J].中国党政干部论坛,2017(6):68-71.
② 林伯海,杨伟宾.习近平的人类共同价值思想初探[J].当代世界与社会主义,2016(2):165-169.
③ 邵发军.习近平"人类命运共同体"思想及其当代价值研究[J].社会主义研究,2017(4):1-8.
④ 郝立新,周康林.构建人类命运共同体:全球治理的中国方案[J].马克思主义与现实,2017(6):1-7.
⑤ 邹广文,王纵横.人类命运共同体与文化自信的心理建构[J].中国特色社会主义研究,2017(4):30-37.

民族参与价值内容的共建,不是封闭和僵化的。[①]

四要素论。董德刚提出,凝聚共识的理论特征体现在四个方面:第一,主体的相对多数。于人类共同价值而言,它应当是全人类中大多数国家、大多数人的共同利益和共同追求。第二,历史阶段性。价值和价值观念都是历史的、变化的、发展的,随着具体历史条件与主体素质的不同,它们也呈现出历史性、变动性、阶段性。第三,多重差异性。由于人们所处的地位、经历和环境等种种不同,共同价值对于人们的实际意义是存在差别的。第四,实现形式的多样性。人类共同价值在不同的历史阶段、不同的国家,其实现形式具有多样性,不存在统一的模式。[②]

(二)凝聚共识的理论渊源与时代贡献

1.凝聚共识的理论渊源

中华传统文化理论渊源说。陈来指出,中华文明提出的基本理念、儒家文化提出的价值原理,表达了凝聚共识的道德基础。总体而言,"己所不欲,勿施于人"的金律是"和平、发展、公平、正义、民主、自由"六大理念的伦理基础。[③] 干春松认为,各美其美、美美与共的文化自觉,不仅是对中华文明自身精神特质的一种阐发,也是对处理全球化时代的不同文明之间关系的价值支撑。[④] 袁敦卫提出,以儒家思想为主流的中华传统文化本身具有共享价值和普遍意义,共同价值思想接续着传统文化的根脉,是对中国文化主体意识的再确认。[⑤]

西方文明成果理论渊源说。虞崇胜等指出,凝聚共识是美国学者里夫金"同理心"处世理念的体现。"同理心"将会导致人类突破血缘、宗教、意识形态和心理关系,从而形成一种全新的相处状态,成为一个命运

---

① 易刚,林伯海.共同价值与社会主义核心价值观的关系探究[J].思想理论教育,2016(7):40-43,77.

② 董德刚.关于人类共同价值的几点思考[J].理论视野,2017(8):17-22.

③ 陈来.中华文明与人类共同价值[J].山东省社会主义学院学报,2017(2):12-13.

④ 干春松."各美其美、美美与共"与人类命运共同体[J].人民论坛·学术前沿,2017(12):28-34.

⑤ 袁敦卫.论习近平共同价值思想对传统文化的传承[J].科学社会主义,2016(5):95-99.

与共的整体。① 余品华指出,共同价值是 19 世纪以来西方主导的以布雷顿森林体系实践经验的总结和升华。从《威斯特伐利亚和约》到 150 多年前的《日内瓦公约》,再到 70 多年前《联合国宪章》确立的平等、主权等种种原则,体现了全人类的共同价值。②

马克思主义理论渊源说。有学者认为,凝聚共识符合历史唯物主义所揭示的人类社会发展的基本规律,其追求自由人的联合体的最终目标。③ 马拥军指出,理解凝聚共识中的"共同价值"应从马克思主义、"事情本身"的现象学立场出发,在学理上澄清马克思文本中的价值立场。④

2.凝聚共识的时代贡献

凝聚共识有助于国际秩序的完善。刘进田指出,凝聚共识能够有效弥合西方政治哲学和实践中正义秩序的国际中断,把公平正义秩序从民族、国家延续至世界和人类,从而推动人类共同价值的统一性和连续性实践。⑤ 张师伟也提出,凝聚共识试图以人类层次的公共理性克服地域层次国家理性的自利性,并促进一个合作共赢的国家间体系的生成和发展。⑥

凝聚共识是中国崛起的责任表达。李景源认为,凝聚共识是中国理性应对国际秩序变革的根本理念。中国作为世界第二大经济体、第一大贸易国,已经进入世界中心,成为世界核心大国,而美国两次反恐严重受挫及全球金融危机的爆发反映了西方文明的危机。新的领导角色同时给中国带来了新的责任。⑦ 黄琦进一步指出,"共同价值是立足于全人

---

① 虞崇胜,余扬.人类命运共同体:全球化背景下类文明发展的中国预判[J].理论视野,2016(7):25-29,48.

② 余品华."人类命运共同体"与马克思主义中国化新飞跃[J].江西社会科学,2017(9):22-32.

③ 韩庆祥,等.人类命运共同体与共同价值[J].社会主义核心价值观研究,2017(4):5-14.

④ 马拥军.对"共同价值"现象的马克思主义诠释[J].毛泽东邓小平理论研究,2018(3):100-106.

⑤ 刘进田.论人类命运共同体的价值主体结构、哲学建构方法及其意义[J].观察与思考,2017(11):24-37.

⑥ 张师伟.人类命运共同体与共同价值:国家间合作共赢体系建构的双驱动[J].甘肃理论学刊,2017(2):5-18.

⑦ 李景源.构建人类命运共同体何以可能?[J].湖北大学学报(哲学社会科学版),2017(6):2-5.

类共同利益基础上的政治价值、经济价值、文化价值和伦理价值,是已经发展起来的中国贡献给世界的新的价值观"①。也有学者指出,随着当代中国的崛起,必须有能够走向世界并引领世界的"中国精神"与"中国价值"。②

凝聚共识是社会主义核心价值观的国际延伸。林伯海等指出,凝聚共识的人类共同价值观是社会主义核心价值观在国际舞台上的延伸和彰显。人类共同价值所蕴含的和平、发展、公平、正义、民主、自由等价值在社会主义核心价值观中也都有相应的体现。③ 储著源指出,正确凝练和诠释"世界层面的价值要求"有利于拓展社会主义核心价值观的逻辑层次,促使公民、社会、国家和"世界层面的价值要求"的逻辑完整,主要回答"世界层面的社会主义核心价值观是什么"或者"立足于社会主义核心价值观的人类共同价值观是什么的问题"。④

凝聚共识是冷战价值观的超越。郭明俊指出,国际社会的共识凝聚是对冷战价值观的摒弃与超越。共同价值以"多元文明和平共处"为价值理想,摒弃了冷战价值观之"称霸全球"的图谋;共同价值以维护和实现"全人类共同利益"为价值追求,超越了冷战价值观之单边利益的限囿;共同价值以"同心协力、合作共赢"为价值实现方式,超越了冷战价值观的"遏制"、对抗、冲突、"零和博弈"。⑤

(三)凝聚共识的现实意义与实践路径

1.凝聚共识的现实意义

凝聚共识有利于打造世界文明新秩序。陈锡喜提出,"和平、发展、

---

① 黄琦.习近平共同价值思想探析[J].湖南行政学院学报,2017(6):30-35.
② 温波,凌靓.人类命运共同体:走向世界引领世界的当代中国马克思主义文化形态[J].苏州大学学报(哲学社会科学版),2018(1):7-13.
③ 林伯海,杨伟宾.习近平的人类共同价值思想初探[J].当代世界与社会主义,2016(2):165-169.
④ 储著源."世界层面的价值要求"凝练与诠释[J].常州大学学报(社会科学版),2018(1):86-95.
⑤ 郭明俊.习近平人类共同价值观是对冷战价值观的摒弃与超越[J].湖湘论坛,2017(5):5-9.

公平、正义、民主、自由"等全人类的共同价值,是对苏联国内经济高度集中和政治文化上高度集权、国际上同资本主义发达国家争霸世界的社会主义模式的突破。^①　田旭明认为,在文明多样化且存在价值冲突的现实背景下,符合全人类利益的"共同价值"能够抵制文化霸权、文化独尊、文化帝国主义,能够化解文化冲突并凝聚共识,从而实现文明的多元绽放且花团锦簇与和谐共荣,打造和睦、宽容、包容的文明新秩序。^②

凝聚共识有利于增强中国国际话语权。周银珍认为,以"共同价值"为代表的"人类命运共同体"话语体系可以凝聚人类共识从而增强中国的国际话语权,其"形成了包含人类社会的共同价值观和中国的核心价值观在内的融通中外的话语体系,凝聚了价值观的最大公约数,为中国建构国际话语权提供易于认同的话语体系支撑"。^③　杨家宁指出,"共同价值"是中国秉持价值自信,积极构建对外话语体系,赢得国际话语权的重要举措。^④　也有学者指出,现在我国可以从社会发展观、国际秩序观及国家利益观等方面尝试构建共同价值观念,进而提升我国的国际话语权。^⑤

2.凝聚共识的实践路径

凝聚共识的中国路径。虞崇胜等指出,中国应该努力践行社会主义核心价值观,并积极参与推动人类价值共识的形成。第一,创新国家治理方式,扩大社会主义核心价值观影响力。第二,积极传播社会主义核心价值观,参与构建人类共同价值体系。第三,倡导建立国际关系新模式,促进人类形成价值共识。^⑥　孙霄汉认为,人类共识的形成不只是一

---

①　陈锡喜."人类命运共同体"视域下中国道路世界意义的再审视[J].毛泽东邓小平理论研究,2017(2):87-92.

②　田旭明."人类命运共同体"的伦理之维[J].伦理学研究,2017(2):6-11.

③　周银珍.国际情怀与担当:"人类命运共同体"建构中国国际话语权[J].宁夏社会科学,2018(1):21-29.

④　杨家宁."共同价值"与中国国际话语权建构[J].中共四川省委党校学报,2016(2):79-81.

⑤　刘辰,刘欣路."一带一路"背景下共同价值观念培育与中国国际话语权构建[J].对外传播,2015(7):51-53.

⑥　虞崇胜,叶长茂.社会主义核心价值观与人类共同价值[J].中共中央党校学报,2016(2):54-60.

个思想创新的问题,更是一个实践过程。应当在实现中华民族伟大复兴中国梦的征程中,坚持和平、合作、共赢的方向,促进世界各国共同发展,自觉践行共同价值,推进共同价值更广泛的世界认同,彰显共同价值的国际意义和时代价值。①

凝聚共识的全球治理效应。当今国际,应进一步发挥凝聚共识的实践效应。董俊山提出,要大力弘扬和平、发展、公平、正义、民主、自由等全人类共同价值,牢牢占据人类道义和时代发展的制高点,促使世界各国接受全球治理的共同理念、方向、原则和体制,做到求同存异、和而不同、聚而不同②。袁祖社认为,"一是要确立'交互信任'的本体价值信念与合作理性之'共在'与'共生'伦理;二是要澄明'承认的政治'之道德逻辑规制与全球正义之价值理想"③。郭海龙等指出,全球治理是共同价值的实现途径和活动载体④。郁有凯认为,"需要立足于人的自由全面发展的价值基点,同时观照政治多极化、经济全球化、文化多元化对全球共同价值追求的现实呼吁,注重政治上的平等互信、经济上的公平正义、文化上的包容互鉴"⑤。

(四)凝聚共识研究的总体评价

关于凝聚共识的具体内涵,学者们依据自己对凝聚共识的学术体悟提出了不同看法。有学者认为凝聚共识是人类利益关系的表达,有学者侧重于从理念维度对凝聚共识进行了分析,如认为价值共识是人类在全球层面的价值观;也有学者认为价值是人类在价值观念层面达成的理念共识。有学者认为,凝聚共识具有普遍适用性、共建共享性与开放包容

---

① 孙霄汉.共同价值与中华民族伟大复兴[J].中国社会科学院研究生院学报,2017(4):21-30.

② 董俊山.构建人类命运共同体的困惑与破解[J].党委中心组学习,2017(2):111-124.

③ 袁祖社.人类"共同价值"的理念及其伦理正当性之思——"共同体"逻辑的意义及其内在限度[J].南开学报(哲学社会科学版),2017(4):60-70.

④ 郭海龙,林伯海.对习近平共同价值思想的哲学思考[J].社会主义核心价值观研究,2016(2):54-61.

⑤ 郁有凯.人类命运共同体的全球化视野:马克思共同体思想指导下的新解读[J].理论与现代化,2018(1):46-52.

性。还有学者提出,凝聚共识具有主体的相对多数性、历史阶段性、多重差异性、实现形式多样性。

研究凝聚共识的理论渊源时,不同学术背景的学者们通过研究指出了其厚实的理论底蕴。即凝聚共识汲取了中华传统文化、西方文明、马克思主义的优秀元素。关于凝聚共识的时代贡献,学者们提出了具体的看法,主要观点是凝聚共识是进一步完善国际秩序的时代需要,是中国崛起所必须承担的理论责任,其既是社会主义核心价值的进一步拓展,又是冷战价值观的全面超越。可以看出,尽管学者们阐发的维度有所不同,但都将凝聚共识置于构建新型国际秩序的时代大背景之中进行讨论。

在探讨凝聚共识的现实意义时,学者们更加自觉地论述它对构建新型国际秩序的理论重要性与可能贡献。有学者注重从具体维度进行论述,指出凝聚共识有助于增强中国的国际话语权,有助于当代人类共创世界文明新秩序。至于如何凝聚共识,学者们也分别给出了自己的建议。一方面,学者们认为,在实践凝聚共识的过程中,中国元素非但不能缺失反而应在难得的时代潮流中更加得到彰显。其核心观点是:在命运与共的时代背景中更好地传播中国声音,更大地做出中国贡献。另一方面,学者们认为,凝聚共识必须与全球治理路径结合起来。其核心观点是:在世界各国人民的共同行动中,彰显共同价值的要义。

(五)凝聚共识研究的未来展望

学者们围绕凝聚共识进行了卓有成效的探讨,取得了许多重要的理论共识。在研究范式上,国内学界当前对凝聚共识的研究大多侧重于从某一具体角度切入。此类研究固然有利于对凝聚共识进行深入探讨,但整体视角研究的相对薄弱同样不利于对凝聚共识进行全局性的把握。还有,当前的相关研究主要集中在马克思主义中国化的领域内进行,也有部分学者在此基础上结合价值哲学、中华优秀传统文化开展了相关具体研究。当然,此种情况的出现一方面是由于凝聚共识本身的复杂性;另一方面,也跟学界集中关注并研究凝聚共识的时间较短密切相关。可以看出,凝聚共识是一项综合性较强的研究工作。考虑到价值共识本身的特有属性,在研究过程中需要借鉴价值哲学的相关研究成果,需要引入传播学、国际政治学、政治经济学的研究视角。总而言之,学者们关于凝聚共识的已有研究成果为凝聚共识工作的继续推进提供了重要的学术基础。梳理凝聚共识的相关学术成果,探寻已有成果的研究理路与思维逻辑,便于更好地理解凝聚共识的研究现状,有利于更有针对性地深化凝聚共识的相关研究,以产出更多高质量的相关研究成果。展望凝聚共识研究的未来面向,应注重从以下几个维度具体推进。

首先,厘清凝聚共识的理论内涵。当前,学界关于此方面的研究尚存一些基本问题亟待厘清。例如,从学理上讲,共同价值与价值显然属于同一层级的概念范畴。那么,以价值内涵的研究为基础从而进一步分析凝聚共识的内涵显得尤为必要。唯有如此,我们才能更加准确地把握凝聚共识的理论内涵。凝聚共识,完整的说法应是人们关于共同价值达成的理念共识,依此看来价值共识是共同价值所力求达成的效果。基于此我们可以看出,共同价值不完全等同于价值共识。一言以蔽之,科学界定凝聚共识的理论内涵是推进有关研究最为基本的理论工作。

其次,注重探究凝聚共识的马克思主义理论基础。从凝聚共识得到国内学界广泛关注至今,关于凝聚共识马克思主义基础的研究与凝聚共识其他基础的研究,尤其是与凝聚共识中华传统文化基础研究之间存在失衡。即从目前的相关研究成果的产出数量来看,学者们较多地挖掘凝聚共识的中华传统文化基础,而对其马克思主义即历史唯物主义基础的研究力度还有所欠缺。实际上,探究历史唯物主义基础,是我们把握凝聚共识研究方向、充实凝聚共识理论内涵的最根本依据。而且,深入研究凝聚共识的马克思主义理论基础,也便于我们准确把握凝聚共识"三个理论基础"之间的内在关联。即在凝聚共识的相关研究中,既深刻领会马克思的价值立场及其当代意义,又充分发挥马克思主义作为研究凝聚共识价值根本依据的理论指导与糟粕过滤作用,有效汲取利于凝聚共识发展的其他有益理论元素。

再次,采用更加宽广的学术视角研究凝聚共识。凝聚共识的研究是一项综合性很强的理论工作,因此,对凝聚共识的研究绝不应仅仅局限于某一具体的学科范围之内。当然,将凝聚共识的相关研究按照不同学科属性切割为僵化的学术领地同样不可取。关于凝聚共识研究的正确路径,应该是以研究过程中的具体及重要问题为导向,在坚持马克思主义基本立场的前提下,充分借鉴其他学科的学术思路、研究方式与理论成果。比如,研究共同价值必然涉及共同价值的跨文化认同。在具体的研究中,既需要在不同的语种之中找到与共同价值对应的合适外语词汇,更需要研究价值观念的一般性传播规律。如何让作为理论创新的共同价值为世界各地的民众所普遍接受和认同,是一项极为重要的理论工作,也是关系到共同价值能否产生全球影响力的关键一步。赋予凝聚共识研究以宽广的学术视角,既不应刻意为之更不能形式主义化,价值共识内涵的丰富性与其面临问题的复杂性从根本上决定了此项工作的必要性与可能性。

此外,明晰凝聚共识的中国责任与中国贡献。无论是凝聚共识本身的理论阐释,还是凝聚共识的践行,都不能缺失中国的文化与实践元素。某种程度上也可以认为,共同价值阐释与实践的过程即是中国不断走近世界中心的过程。因此,如何认识凝聚共识的中国责任与中国贡献显得尤为重要。妄自菲薄与妄自尊大的心态在凝聚共识价值阐释与实践的过程中皆危害巨大。以妄自菲薄为基的一种研究思维认定,中国在当代的最主要任务就是明哲保身,无须参与世界范围内的种种"事端"。此种认识没有看到当前中国发展与全球各国之间的紧密关联,更没有预见到中国发展给世界格局完善带来的巨大变化。而以妄自尊大为基的另一种研究思维则主张,中国应竭尽全力践行共同价值,牺牲再多的国家利益也在所不惜。此种主张忽视了中国仍然是最大发展中国家的基本国情与客观事实,给中国带来了不相称的巨大负担。价值共识最终的实践要靠世界各国人民的共同努力,而中国所要与所能做的必然是与自身实力相称的贡献。只有以自身实力为限才能持久地彰显并践行人类价值关怀,其与中国始终作为共同价值坚定倡导者与实践者的自身定位并行不悖。

最后,以凝聚共识观照全球治理现实。进入21世纪以来,各种全球性危机的不断出现凸显出全球治理的重要性。以联合国等国际组织为代表性合作平台,人类为解决世界范围内的共同问题付出了巨大努力。全球治理的目标是维护全人类的共同利益,其与凝聚共识的目标追求高度一致。尽管成绩可圈可点,但全球治理在现实中还是遭遇到种种困境。特别是在全球政治经济秩序维护、世界环境保护等重大议题上,不同国家往往分歧重重。究其原因,全球治理过于崇尚主体多元而缺乏整体性人类价值引领是重要原因,而在处理应对人类共同问题的现实中,以美国为代表的少数国家长期忽视全人类的共同利益又加剧了全球治理的困境。因此,如何以价值共识引导并推动全球治理朝着健康方向发展,成为当今时代的一项重大课题。凝聚共识以马克思主义为根本的理论底色,理论内涵的科学性决定了其能够成为引领全球治理的理论担当。在当前及今后的凝聚共识相关研究工作中,应注重在已有研究成果的基础上对共同价值的内涵进行继续优化与持续丰富。此外,理顺共同价值与特殊价值之间的关系,实现两者之间的动态平衡至关重要。所谓动态平衡,是指共同价值建立在保障特殊价值的基础之上。由此可见,凝聚共识不仅能够而且必须引领全球治理的未来价值走向,从而最终构建起成熟稳定的人类命运共同体。

三、主要研究内容和拟解决的关键性问题

(一)主要研究内容

1. 绪论

本章梳理了学界关于凝聚共识的研究成果,主要从具体内涵、理论特征、理论渊源、时代贡献、现实意义与实践路径的维度对凝聚共识的研究情况进行了整体考察。在掌握凝聚共识研究动态的基础上进行相关的理论评析,指出了深化凝聚共识研究的具体理论路径,并且对凝聚共识的研究进行未来展望。

2. 凝聚共识的理论内涵

本章主要阐述凝聚共识的理论内涵。首先,回顾学术史研究中思想家们关于价值问题的理论争论,考察马克思是如何在实践中对价值进行探究的,进而结合国内学者已有的理论成果对价值与价值关系进行分析,在理解价值的基础上剖析凝聚共识的概念。

3. 凝聚共识的马克思主义思想基础

本章对凝聚共识的马克思主义价值思想基础进行理论考察。马克思在市民社会的研究过程中,通过政治经济学的研究理路找到了理解人类社会发展的锁匙,但市民社会存有不可避免的历史局限。正是通过超越市民社会,马克思主义才确立了其人类社会价值立场。世界历史的序幕由资本主义开启,但资本主义在开辟世界历史的进程中造成了人类发展史上的深重灾难。未来的人类社会将在剔除不合理因素中继续世界历史的发展趋势,马克思主义讨论人类历史发展秉持的正是世界历史的价值视野。马克思主义对作为资本主义人权观内容的"自由"进行了批判,同时进一步阐释了自由人的理论内涵。自由人联合体,是马克思主义无可争辩的价值理想。凝聚共识需要继承的正是马克思主义"人类社会"的价值立场、"世界历史"的价值视野、"自由人联合体"的价值理想。

4. 凝聚共识的中国逻辑

本章指出凝聚共识何以必然由社会主义中国提出,阐述凝聚共识出场的中国实践基础。现代化是中国共产党领导中国革命与建设过程中一以贯之的价值追求,社会革命对中国现代化事业发挥过奠基性的作用。在现代化进程中,中国共产党通过主要社会矛盾的理论提炼与化解,不断满足人民对美好生活的向往。中国共产党在发展过程中逐渐确立起开放发展的模式,如今开放发展已经伴随中国特色社会主义进入了新的时代。中国共产党在实践发展中注重责任发展的价值担当,主要表现为筑牢中华民族命运共同体、维护中华统一命运共同体、支持世界和平发展事业。中国共产党的领导与当代中国发展具有深刻一致性,当代中国的成功实践由于社会主义的内在属性彰显出无可比拟的世界意义。

5.凝聚共识的全球治理观照

本章集中论述凝聚共识的全球治理观照。通过资本主义的灭亡是基于外在性还是基于内生性、资本主义的自我调适及其限度、全球性问题的日益凸显等问题的讨论指出应如何理解资本主义与社会主义在全球治理中的"共同在场"。中国在全球治理中的角色担当,基于中国对当今时代尤其是人类社会在21世纪所面临深刻矛盾的理解,基于中国特色社会主义迈入新时代的时代方位,基于全球治理中国理念的阐述。国际霸主竞相交替是近代以来世界格局演变的突出特点,当今世界依然是霸权主义国际格局,其不符合人类文明的持续前行逻辑,未来的国际格局必然走向新型国际秩序。

6.凝聚共识对创新发展的现实贡献

本章阐释凝聚共识对创新发展的现实贡献。注重当下是全球善治的时代特质,凝聚共识关注的同样是当代人类的整体发展利益,因而以凝聚共识为底蕴有利于增强全球善治的话语优势。"和平合作、开放包容、互学互鉴、互利共赢"的丝路精神、"共商、共建、共享"的丝路原则与价值共识有着内在契合性。此外,"一带一路"倡议在目标维度致力于践行价值共识。因此,作为凝聚共识实践样态的"一带一路"建设在未来发展过程中可以助力创新型国际秩序的现实构建。凝聚共识不仅回答了全球善治的构建内容,还影响着全球善治的演进发展过程,以凝聚共识为导向的全球善治的构建可以在三个具体维度促进21世纪马克思主义的发展。

(二)拟解决的关键性问题

(1)厘清凝聚共识的理论蕴含。理解凝聚共识的内涵,首先需要在价值哲学的视野中考察并分析价值问题,进一步厘清价值期许与凝聚共识的理论关联。最终在新型国际关系的理论视域中探究与深化凝聚共识,以达到准确理解凝聚共识理论蕴含的阶段性研究目标。

(2)指明凝聚共识的马克思主义思想基础。进一步阐释凝聚共识由中国提出的逻辑必然,同时言说凝聚共识全球治理的现实观照。

（3）论述凝聚共识对全球善治的贡献何在。凝聚共识不仅能增强全球善治的话语优势,作为凝聚共识践行的"一带一路"建设还能推动全球善治的现实构建。同时,凝聚共识规范着全球善治的整体内容建构,凝聚共识在全球善治中的嵌入能够发展21世纪马克思主义理论。

第二章　凝聚共识的理论内涵

凝聚共识,即凝聚体现当代人类共同价值关系、反映当代人类共同利益及价值规范的广泛共识,它既包含"和平、发展、公平、正义、民主、自由"等具体的价值理念共识,也包含当代人类追求美好公共生活的积极价值倾向、正确价值选择与良善价值目标的广泛共识。

一、价值的实践要义

探究凝聚共识的理论内涵,需要以价值的理解为基本前提。价值无疑是人们日常生活中使用频率最高的词汇之一。人们总是在不同领域与各种场合约定俗成地使用着价值,如经常在学术话语中出现的价值批判、价值理念、价值评价等。尽管可能出于无意识,但人们却在一般意义上即哲学维度上使用着价值的概念。如果我们进一步追问价值的内涵或者价值在哲学层面的一般规定,价值似乎又让人感到陌生。其实,即使在不同的思想家那里,关于价值也存在着不同的看法。尽管如此,价值本身有其内在规定性,理解价值既是我们剖析生活中价值现象的基础,亦是我们开展凝聚共识研究的理论起点。

(一)价值的主客观之争

自人类产生以来,价值现象就客观存在。然而,真正将价值作为专门哲学概念进行反思和探讨则从 19 世纪才开始。其中,新康德主义的代表人物洛采有关价值的论述影响深远。洛采认为,所谓价值,其本质是人们在日常生活中所追求的生活目的,而善是所有价值中的最高层次,是人追求的最高目的。更为重要的是,洛采首次在规范化的理论体系中赋予价值理论以重大意义从而在事实上提高了价值的形而上地位,即提高了价值在哲学中的地位,在其后引发了学界对价值问题的长期关注。洛采之后,关于价值的专门学术探讨日渐多元与丰富。按照学者们关于价值的不同看法,西方近现代有关价值的理论研究成果主要可以概括为以下几种学说。

主观感觉论。此种学说认为,价值是人的主观性感受。如培里提出了著名的价值兴趣论,即认为价值是人兴趣的产物,事物"愈被意愿着,就愈具有价值"①。相较之下,实证主义者艾尔认为价值是一种感情作用,分析主义者黑尔则认为价值是一种描述作用。以萨特为代表的存在主义者们认为价值是自由、决定,是自我选择的结果。可以看出,主观感觉论关于价值的理解确实有一定合理性,尤其是其肯定了人在价值认识过程中的作用发挥,认识到了价值的属人性。但主观感觉论的理论缺陷也同样明显,即其忽略了价值与事物客观属性的内在关联,没有对价值何以发生的客观基础进行理论分析,致使主观感觉论容易陷入价值相对主义的歧路。

独立实体论。此种学说认为,价值是某种可以独立存在的实体。在洛采的思想体系中,价值即是如此的实体性存在。洛采的弟子文德尔班更是认为,价值是"存在于主体(我们)世界和客体(事物)世界之外的第三世界"②。文德尔班之后的李凯尔特也认为,价值在"主体和客体之外形成一个完全独立的王国"③。由此可见,新康德主义弗赖堡学派主要认为价值是某种先验性的独立存在。而舍勒与哈特曼则以现象学理论为基础对价值本质进行了分析。舍勒提出,价值在现实存在中"独立于

---

① 培里.现代哲学倾向[M].傅统先,译.北京:商务印书馆,1962:324.

② 参见文德尔班.文德尔班哲学导论[M].施璇,译.北京:北京联合出版公司,2016:157-163.

③ 李凯尔特.论哲学概念[J].逻各斯,1910(1):33,转引自李凯尔特.文化科学和自然科学[M].涂纪亮,译.北京:商务印书馆,1986:译者前言 viii.

它们的载体"①;哈特曼认为,价值世界本身就是一个自在的存在,命令、目的、规范等所有这些"都有其价值基础——在存在类型和存在模式中的特殊结构"②。新实在主义学派的摩尔则认为,价值就是事物的属性本身。假如规定了某一事物的本质为善,那么它"无论什么时候发生,都是善的"③。结合独立实体论关于价值本质的相关思想可以发现,其不仅洞察到价值现象发生的客观性,而且还试图从抽象一般的层面对价值做出本质规定。遗憾的是,独立实体论在解释价值与人类主观能动性的关系这一关键性问题上陷入了理论困境。

关系论。此种学说主要认为,价值是主客体之间的相互作用关系。关系论的代表性论述有"价值完形说"与"情景说"④。价值完形说主张对价值本质进行心理学的解释,即价值的本质是主体关于客体意义的心态反应。可以看出,尽管在解释价值本质时引入主体与客体,但"价值完形说"的理论落脚点在于价值是主体的心态反应,实际上其依然带有主观感觉论的色彩。相比之下,情景说主张在特定的情景中理解价值,认为价值的本质是特定环境下所发生的主客体关系。但是,存在于"情景说"中的主体并非实践中现实的人,而是不同情景中的个人在一般意义上的理论抽象,即情景说对人以及人存在方式的理解是抽象的而非现实具体的。由此可见,尽管关系论相比于主观感觉论与独立实体论在理论上已经有所突破,但还是没能揭示出价值的深层本质。因此,理解价值,需要将其放在实践的主客体关系之中进行解释。

(二)马克思对价值的实践诠释

关于马克思是否有过关于价值的直接定义,学界目前仍存在一定的争议。部分学者认为马克思对价值下过明确的定义,他们习惯引用的是

---

① 舍勒.伦理学中的形式主义与质料的价值伦理学(上)[M].倪梁康,译.北京:生活·读书·新知三联书店,2004:19.

② 转引自:董世峰.价值:哈特曼对道德基础的构建[M].北京:光明日报出版社,2006:58.

③ 摩尔.伦理学原理[M].长河,译.北京:商务印书馆,1983:28.

④ 参见李德顺.价值论[M].北京:中国人民大学出版社,2013:29.

马克思在《评阿·瓦格纳的"政治经济学教科书"》中的一段话,即"'价值'这个普遍的概念是从人们对待满足他们需要的外界物的关系中产生的"①。实际上,只要我们联系此文的理论主题及参考马克思在此段话之后所删除的另一段话就不难发现,所谓的明确定义实际上不过是马克思对抽象概念演绎法的直接批评,而绝非马克思关于价值本质的实际论述。由于这段论述涉及了价值与需要的理论关系,我们也不能因为马克思对瓦格纳的反讽,就认为马克思主张将价值本质与人的需要进行切割。

那么,我们该如何全面地理解马克思的这段论述呢?对马克思主义有所研究的人都不会否认,马克思多次运用人的需要来论证其基本观点。此处,马克思所反对格瓦纳的仅仅是他的推论方法,即马克思主张对价值的理解应该在具体的现实而非抽象推演中进行。当然,我们更不能据此而想当然地判定马克思没有关于价值的相关思想。正如马克思之所以能成为科学社会主义的创始人并非因为他对社会主义下了直接定义或他给出了关于社会主义本质的直接论述,而在于他阐述了社会主义的基本理论原则。仔细研读不难发现,马克思在其主要著作中存在着关于价值的诸多重要思想。实际上,正如有论者所指出的那样:"作为一种哲学理念和哲学立场的价值哲学的创立者,不仅有洛采,还有马克思。"②

马克思曾多次运用价值分析政治经济问题,即马克思对价值概念的使用首先是在政治经济学的意义上进行的。马克思在评析犹太人与市民社会的基本原则时就指出:"金钱是一切事物的普遍的、独立自在的价值。"③恩格斯也指出:"商业形成的第一个范畴是价值。"④马克思和恩格斯所使用的价值概念,是对古典经济学家的价值理论有所继承的基础上形成的。同时,马克思重新赋予价值以更加科学的内涵。

①　马克思,恩格斯.马克思恩格斯全集(第19卷)[M].北京:人民出版社,1963:406.
②　冯平.重建价值哲学[J].哲学研究,2002(5):7-14.
③　马克思,恩格斯.马克思恩格斯文集(第1卷)[M].北京:人民出版社,2009:52.
④　马克思,恩格斯.马克思恩格斯文集(第1卷)[M].北京:人民出版社,2009:63.

　　古典经济学家们的一个核心观点是：劳动一般创造价值。例如，在明确区分作为效用的使用价值和作为购买能力的交换价值的基础之上，斯密指出："劳动是衡量一切商品交换价值的真实尺度。"①创造价值的劳动都是相同的劳动。那么，一般劳动的价值如何衡量呢？李嘉图在吸收斯密价值理论的基础之上更进一步，他提出：价值取决于"生产所必要的相对劳动量"②，提出了衡量劳动价值的标准即社会必要劳动时间。但是，古典经济学家始终无法解释或者有意回避的是，按照他们的理论，在劳动买卖的过程中，为何同质、同等时间的劳动在资本家和工人面前却体现为不同的价值，即让资本家受益的商品价值总是远远高于工人相应获得的实际工资。

　　马克思批判地吸收了古典经济学家关于价值的理论，他强调理解价值的关键在于剖析劳动的二重性，即区分清楚抽象劳动与具体劳动。在商品社会中，真实的情况是劳动的二重性决定了价值的二重性。抽象劳动即"人类劳动力在生理学意义上的耗费"③，它创造出商品价值，赋予商品以交换性；具体劳动即"人类劳动力在特殊的有一定目的的形式上的耗费"④，它创造出使用价值，赋予商品以有用性。不仅如此，劳动力概念的引入还解决了古典经济学家"一般劳动创造价值"所无法解决的理论困境，即发现了资本家靠延长工人劳动时间而压榨剩余价值的秘密。实际上，在现实生活中严格辨别已经对象化在商品价值中的抽象劳动与具体劳动是不可能做到的，二者只是从不同维度反映出商品生产的自然进程及其所反映的社会关系。关于这一点，马克思自己也有明确的说明，即"自然界同劳动一样也是使用价值的源泉"⑤，而价值恰恰是"商品的社会关系"⑥。由此可见，马克思通过劳动价值论将价值在政治经济学领域的本质揭示出来，即价值是商品的有用性与交换性的统一，是

---

① 斯密.国富论[M].文熙等，译.武汉：武汉大学出版社，2010：18.
② 李嘉图.政治经济学及赋税原理[M].郭大力，王亚南，译.北京：北京联合出版公司，2013：1.
③ 马克思，恩格斯.马克思恩格斯文集(第5卷)[M].北京：人民出版社，2009：60.
④ 马克思，恩格斯.马克思恩格斯文集(第5卷)[M].北京：人民出版社，2009：60.
⑤ 马克思，恩格斯.马克思恩格斯文集(第3卷)[M].北京：人民出版社，2009：428.
⑥ 马克思，恩格斯.马克思恩格斯文集(第8卷)[M].北京：人民出版社，2009：38.

凝结在商品中的物化劳动。更重要的是,马克思还揭示出隐藏在价值形成与增值过程中的社会关系。

那么,马克思是否仅仅在政治经济学的领域使用价值概念呢,答案显然是否定的。实际上,仅仅是马克思对商品价值反映社会关系的深刻剖析,已经具有了哲学意义。关于商品价值本质的揭示,使得马克思思想中的价值特殊与价值一般建立起了密切的逻辑关联。马克思曾在一般意义上多次使用哲学维度的价值概念,并在理论叙事中揭示一般意义层面的价值本质,为我们在当代更好地体认价值的内涵提供了方法指导。

马克思、恩格斯曾经多次使用哲学意义上的价值表明自己的理论立场。例如马克思在批判布鲁诺·鲍威尔绝对批判的立场时指出,绝对批判所阐述的以绝对的"一开始"为逻辑起点和以抽象的不变的"群众"为批判对象的理论体系只是自我臆造的所谓真理,因此对绝对批判而言"不言而喻的真理已丧失了它的精神实质、意义和价值"①。马克思在研究历史发展规律时也曾指出,历史唯物主义是理论总结概括与现实生活具体的统一,"这些抽象本身离开了现实的历史就没有任何价值"②。此外,恩格斯在批判资本主义私有制所垄断的商业关系时还强调指出,重商主义体系所垄断下的"贸易自由并没有任何理论价值和实践价值"③。恩格斯在评析文学作品意义与政治倾向关联的时候指出,"席勒的《阴谋与爱情》的主要价值就在于它是德国第一部有政治倾向的戏剧"④。由此可见,在马克思主义的思想话语中,一般层面的价值和政治经济学维度的价值是同时存在的,问题的关键在于,马克思是否有一般价值和政治经济学层面价值统一的相关思想。

其实,在政治经济学层面,马克思考察价值时就已经指出:"物的 Wert(价值——编者注)事实上是它自己的 Virius(力量、优点、优秀的品

---

① 马克思,恩格斯.马克思恩格斯文集(第1卷)[M].北京:人民出版社,2009:285.
② 马克思,恩格斯.马克思恩格斯文集(第1卷)[M].北京:人民出版社,2009:526.
③ 马克思,恩格斯.马克思恩格斯文集(第1卷)[M].北京:人民出版社,2009:58.
④ 马克思,恩格斯.马克思恩格斯文集(第10卷)[M].北京:人民出版社,2009:545.

质——编者注)"①,同时,马克思还表示"使用价值表示物和人之间的自然关系,实际上是表示物为人而存在"②。由此可以看出,马克思对价值所做的探讨致力于让价值在经济学领域成为"包括了实践中的一切情况的定义"③,从而使得价值概念具备对经济学领域所有价值现象的科学解释力。特别需要指出的是,马克思突破抽象理论分析的理论范式,转而从实践出发解释价值的本质,从物对人类发展意义的维度对价值本质进行阐释,从而在理论事实层面破除了价值一般与价值特殊之间的"壁垒",发现了经济价值与一般价值在现实本质层面的深刻一致性,为我们深入探究价值的本质提供了经典解释框架。

众所周知,实践是人类有意识地改造对象世界的现实活动。实践既是人类特有的存在方式,又是人类特有的发展手段。马克思就曾深刻地指出,"全部社会生活在本质上是实践的"④。正是在实践过程中,人类生存的意义才得到不断凸显,人类发展的文明程度得以持续提升。因此,讨论价值的本质,同样应在实践的场域中进行。西方近现代价值哲学或是对价值孤立地进行形而上学的考察,或是对价值报以完全实用主义的研究方法,围绕价值的本质争论不断却仍然莫衷一是,深层原因在于他们没能在实践中考察价值的本质。"凡是把理论引向神秘主义的神秘东西,都能在人的实践中以及对这种实践的理解中得到合理的解决"⑤,马克思对价值本质的分析,即在具体的实践即社会生活中进行。

人类社会的发展,以生存性需要的满足为基本前提,而"已经得到满足的第一个需要本身、满足需要的活动和已经获得的为满足需要而用的工具又引起新的需要"⑥。按照实践中作用方和受用方的不同,实践关涉到主体与客体两个最基本的范畴。主体,就是现实的活动的人;客体,是指主体改造的客观对象。实践中的主体特指现实的人,而客体既可以

---

① 马克思,恩格斯.马克思恩格斯全集(第26卷第3册)[M].北京:人民出版社,1974:327.
② 马克思,恩格斯.马克思恩格斯全集(第26卷第3册)[M].北京:人民出版社,1974:326.
③ 马克思,恩格斯.马克思恩格斯文集(第1卷)[M].北京:人民出版社,2009:69.
④ 马克思,恩格斯.马克思恩格斯文集(第1卷)[M].北京:人民出版社,2009:501.
⑤ 马克思,恩格斯.马克思恩格斯文集(第1卷)[M].北京:人民出版社,2009:501.
⑥ 马克思,恩格斯.马克思恩格斯文集(第1卷)[M].北京:人民出版社,2009:531.

是物,同样也可以是人。随着认识水平的不断提高和实践手段的日益丰富,人类可以改造的对象世界也越来越丰富。实践在今天已经囊括自然物质界、人造物质界、社会、人类自身等多个领域,主客体之间的关系亦随之越来越复杂。人与动物的不同之处在于,动物只是按照自身所属的"种"的尺度进行生存意义上的生产,而人能够按照主观能动性改造对象世界,人甚至可以在更高的层次上"按照美的规律来构造"①。一言以蔽之,在人类发挥主体性的进程中,相关实践既以服从主体内在尺度的方式进行,又以尊重客体内在规律的方式展开。正是在满足需要的实践过程中,主客体之间不断发生着各种关系,而实践中发生的带有主体目的性倾向的关系即是价值关系。

可见,价值发生的客观基础是实践过程中的带有主体目的性倾向的价值关系。单独的主体,或者单独的客体、客体属性都不能直接构成价值。正是在主体改造客体的目的性实践过程中,价值关系才会不断发生,价值才不断被创造出来。因此也可以说,人类发展进步的过程就是人类不断创造价值与实现价值的过程。价值只有在具体现实的实践过程中才能得到真正诠释,其生动具体而非高深莫测,至于脱离了实践的价值只会成为空洞无物的抽象概念。

二、价值期许与凝聚共识

人类共同的命运、人类对美好生活的向往和人的社会交往属性,构成价值共识构建的情感、认知和行为基础。② 毋庸置疑,凝聚共识应该真实反映当代人类的共同利益,应该真实映射当代人类的美好生活价值诉求。由于历史的原因,国内学者自 20 世纪 80 年代开始才在真正意义的学术层面探讨与价值相关的各种问题。尽管起步较晚,国内学者在坚持马克思主义为指导的前提下围绕价值进行了深入的学术探究。

---

① 马克思,恩格斯.马克思恩格斯文集(第 1 卷)[M].北京:人民出版社,2009:163.
② 吕治国,温小平.凝聚价值共识的现实困境与实现路径[J].国家教育行政学院学报,2022(1):50-55+74.

国内学者已经摆脱了近现代西方价值哲学中的关于价值或主观或客观无休止争论的理论桎梏,他们大多主张在主客体关系的视域中对价值问题进行深入探讨。其中,关于价值本质研究的主要代表性观点有以下几个。"效用关系说"指出价值是"主体和客体之间的意义、效用关系"[①]。"需要关系说"认为:"价值就是客体属性对于主体需要的满足"[②],价值是"客体满足人的需要的关系"[③]。"关系质态说"指出:"价值是对主客体相互关系的一种主体性描述。"[④]其实,学者们关于价值本质的观点并不存在本质上的分歧,他们都主张在主客体关系的视域中对价值本质进行深入探讨。效用关系说与满足需要说都认为价值是客体存在、属性对人的需要的满足关系,关系质态说更是主张以主客体对象性关系为基础对价值本质进行深刻揭示。

尽管如此,几种代表性学说依然反映出国内学者对价值本质探讨逐渐深入的过程。首先,从学术话语表达的角度看,由效用关系说到需要关系说反映出国内学者在探讨价值本质的时候越来越倾向于使用马克思的核心话语资源,越来越意识到马克思经典理论对现实的理论解释力。其次,从关系说到关系质态说的发展,反映出学界在价值本质探讨过程中的思想创新。即关系质态说为价值本质探讨的深入提供了一种重要的学术思路,其主张在主客体关系的基础上运用主体性对价值的本质进行更加严谨的界定。主体性不同于主观性,主观性带有随意性,主体性则是客观的,是人的主体能动地位在主客体关系中的体现。关系质态说中所使用的描述也不同于评价,描述意在指出主客体关系发生的客观事实。

通过分析不难发现,国内学者关于价值本质的见解已经相当深刻,也为我们进一步理解价值本质奠定了坚实的理论基础。毋庸置疑,理解价值应在人类的实践活动中进行。正是在主客体之间的对象性关系中,

---

① 袁贵仁.价值学引论[M].北京:北京师范大学出版社,1991:51.
② 陈新汉.评价论导论[M].上海:上海社会科学院出版社,1995:81.
③ 冯平.评价论[M].北京:东方出版社,1995:31.
④ 李德顺.价值论[M].北京:中国人民大学出版社,2013:53.

价值关系才会不断发生与发展。即价值关系是价值现象发生的基础。换言之,价值的本质发生于主客体关系之中。此外,另外一个关键性问题是,价值的本质是由主客体关系的哪方所决定的呢? 在对象性关系中,主客体关系的划分,是作为主体的人有意区分的结果。价值的发生,固然以客体的属性、存在为基本前提,但更加离不开主体的积极作为。客体自身并不会自动满足人的需要,正是在人的需要意识的驱动之下,价值关系才变得可能。作为主体的人是主客体关系中的唯一能动性要素,而价值的最终结果,同样以人的需要满足为明确指向。价值说到底是人的意识性或目的性活动的结果。因此,价值的本质,无论是发生过程还是最终结果,都是为了满足人的需要,为了人的发展。如此看来,价值本身既是关系性的范畴,更是目的性的范畴,是人在发展过程中不断寻求自我突破与自我超越的体现。

由此可见,价值发生于主客体关系之中。价值虽然以客体的存在及其特定属性为基本前提,却因主体的需要、发展而得到规定。界定价值的本质,既要指出其发生学意义上的客观性即价值客观发生于主客体的对象性关系之中,更要落脚于价值的属人性、言明价值的主体性。因此,价值即是实践过程中因主体性而得到规定的主客体之间的相互作用关系。

无论是价值现象的发生,还是价值关系的结果,价值总是指向人类的发展前行。高清海先生认为,价值除了表达需要关系之外,"本质上是一个目的性问题和超越性问题"[①],即以价值关系为基础的价值规范应表达人类实践的目的性与超越性。价值规范是基于需要的价值关系即利益关系的深刻反映,是人类在发展过程中不断寻求自我突破与自我超越的体现。石云霞认为,"价值问题本质上是利益问题,价值说到底是对利益的一种观念表达"[②]。随着价值关系的日益丰富与人类价值实现能

---

① 高清海.价值选择的实质是对人的本质之选择[J].吉林师范大学学报(人文社会科学版),2005(3):1-3.文章原载于崔秋锁.社会转型与价值选择[M].长春:吉林人民出版社,2005:序2.

② 石云霞.习近平人类命运共同体思想科学体系研究[J].中国特色社会主义研究,2018(2):18-24.

力的不断增强,价值规范在价值范畴中的理论相对独立性地位日益突出,对人类行动的指导作用也越来越受到重视。

与价值相一致,凝聚共识应在具体的历史实践而非纯粹思辨中得到理解。共同价值是"习近平新时代中国特色社会主义思想的有机组成部分"①,其应在当代人类社会的场域中得到阐释。当今国际,随着经济全球化的深入发展,人类的利益共生点不断增加、基本共识区域日益拓展、命运交融程度持续加深。在漫长的人类文明演进过程中,"明哲保身"的处世法则曾经屡试不爽,但环视当今国际,"独善其身"的思维模式与时下全球发展的趋势已经格格不入。因此,可以毫不避讳地说,人类在发展的依存性层面已经成为融合的命运共同体。结合习近平关于共同价值的有关论述②,共同价值正是反映人类命运共同体中共同价值或需要关系的共同价值规范。

有学者在讨论凝聚共识进而阐释共同价值时指出,"人类只要有共同的利益诉求,就必然有共同的价值取向"③。如果说价值的主体具有多元性,其涵盖了不同层级、多个领域的主体。那么共同价值的主体就具有相对确定性,其主体特指的是当下的全人类,可见共同价值是指事物、需要或利益对全人类或人类中的绝大多数所具有的共有性价值。由此,共同价值的基本内涵得到呈现,其是体现人类共同需要关系、反映人类共同利益的价值规范。它既包含"和平、发展、公平、正义、民主、自由"等具体的价值理念,也包含着人类追求美好公共生活的积极价值倾向、正确价值选择与良善价值目标。当今时代及今后相当长一段时间,人类还无法打破地域、认同、信仰等诸多身份要素的限制而达到自由认同的和谐统一状态。即共同价值的全人类主体在现实意义层面是各个民族国家主体之间的联合。需要进一步说明的是,人类命运共同体的良善型

---

① 孙伟平.价值观的力量——论习近平新时代中国特色社会主义思想的价值表达[J].哲学研究,2018(3):3-8.

② 在第七十届联合国大会一般性辩论等国际国内重大场合中,习近平多次强调:"和平、发展、公平、正义、民主、自由"全人类共同价值的重大时代意义。

③ 此为丰子义教授的观点。具体见韩庆祥等.人类命运共同体与共同价值[J].社会主义核心价值观研究,2017(4):5-14.

公共生活结构在当下还不具有成熟稳定性,这也是我们今天强调"构建人类命运共同体"的深层含义。倡导与践行共同价值,正是为了推动国际秩序从当下走向更为符合人类价值期许的应然状态。历史唯物主义认为,人类社会的历史首先是一部生动的物质生活史。在马克思之前,不同时代的思想家也曾试图讲述人类社会的真实历史,试图揭示隐藏在人类历史进程中的内生规律。例如,古罗马思想家奥古斯丁阐释了"三位一体神学论",意大利思想家维科论述了"历史循环论",德国思想家黑格尔则推崇"绝对精神运动论"。然而,先于历史唯物主义的种种历史观总是将人类社会悬置于物质生活之上,使得"历史总是遵照在它之外的某种尺度来编写"①。由此可知,在历史唯物主义诞生之前,繁茂的意识形态景象遮蔽了人类历史的本来面貌。即人类社会发展的神秘色彩大大增加,而内在的真实生活逻辑却被有意无意地淡化。历史唯物主义首次掀开了附着于历史之上的神秘面纱,言明了历史的世俗基础。事实上,人类社会一经产生,就发生了以物质联系为基础的种种联系。"人们为了能够'创造历史',必须能够生活"②,必须首先满足人类自身吃穿住行等基本性的物质生存需要。在生产物质生活的过程中,人类需要通过劳动并借助劳动工具来满足需要。而且,满足需要的过程中,人类又会衍生出各种需要。总而言之,人类社会的进步首先是建立在不断满足物质生活的基础之上的。

马克思主义认为人类社会的历史是一部丰富的社会关系史。人并不是孤立性的个体存在,在其现实性层面,人是"一切社会关系的总和"③。人类自产生以来,就处于共同体的生活之中。尽管早期的共同体是部落、氏族等较为简单的形式。社会关系是人表现自己生活的方式,既有繁衍生息过程中自然存在的血缘关系,还有物质交换关系、语言沟通关系、思想文化交流关系。人的社会关系体现与其在共同体的"共

---

①　马克思,恩格斯.马克思恩格斯文集(第1卷)[M].北京:人民出版社,2009:545.

②　马克思,恩格斯.马克思恩格斯文集(第1卷)[M].北京:人民出版社,2009:531.

③　马克思,恩格斯.马克思恩格斯文集(第1卷)[M].北京:人民出版社,2009:501.

同生活"之中。社会关系是以物质交往为基础形成的多样性关系。即人类在满足物质生活需要的过程中,发生并衍生了物质交换等社会关系。此外,社会生活的逐渐进步,使得人们之间的社会关系更加丰富。资本主义时代生活曾因单向度,因对人类发展的束缚,曾经受到马克思的严厉批评。由于对束缚人发展的单一生活的极度反对,马克思甚至还畅想了未来社会的人类美好生活。基于产业工人在大机器生产过程中社会关系的单一化,马克思对未来世界人们的美好生活进行了畅想。"上午打猎,下午捕鱼,傍晚从事畜牧,晚饭后从事批判"①,人类就不容易受到个人分工的禁锢。但是,历史也有自身的内在逻辑,人类先要解决自身的生存问题,要进行物质资料的生产。

凝聚共识所倡导的美好生活表现为建立在物质生活基础上的丰富性生活现实。按照马克思主义的观点,社会现实绝不是单一重复的枯燥生活。实际上,即随着社会的不断发展与进步,现实的生活应该呈现出与时代同步的丰富多彩性。不过需要注意的是,美好生活不是随意的欲望描述。在当代,美好生活与人类发展的阶段性相契合,是基于现实的时代特点而对人类未来一段生活所做的美好展望。依此加以审视,凝聚共识和当代人类的共同利益及美好生活追求是内在契合的。

三、命运与共时代的共识凝聚

全球化时代以来特别是在当代社会,人类"命运与共"的特征愈发明显。从价值理念的维度加以审视可以发现,自初步提出阶段到拓展与深化阶段,"人类命运共同体"始终表达着鲜明的价值倾向。作为阐释人类文明前行进步的中国方案,"人类命运共同体"自始就主张人类文明之间互相尊重包容以实现和谐共荣,其内含"和平、发展、公平、正义、民主、自由"②的人类价值追求,可见共同价值是人类命运共同体的鲜明价值底

---

① 马克思,恩格斯.马克思恩格斯文集(第1卷)[M].北京:人民出版社,2009:537.
② 习近平.携手构建合作共赢新伙伴 同心打造人类命运共同体——在第七十届联合国大会一般性辩论时的讲话[N].人民日报,2015-9-29(02).

蕴。价值因个人主体性的内在规定难免会因人而异,而当代社会人类的主体性、人类利益关系的共同性、人类风险问题的共同性使得共同价值成为现实性存在。作为联结人类共同命运的精神纽带,共同价值不仅可以对人类命运共同体发挥现实凝聚效用,还可以对人类命运共同体起到发展引领作用。

(一)凝聚共识在当代的现实可能性

价值是价值关系的体现,凝聚共识同样是人类共同价值关系的体现。按照不同的主体层级,价值的主体既有基础层次的个体,又有中间层次的人类群体,同时还包含最高层次的全人类。共同价值的价值主体显然是全人类。毋庸置疑,当今时代的全人类显然还不是共产主义社会中人类整体利益高度统一的人类存在样态。在今后及未来相当长的一段时间内,全人类的存在形式依然是以国家为单位的各国人民。如果说,价值因个人主体性的内在规定会因人而异,那么各国人民在"环球同此凉热"的时代又何以拥有价值共识呢?

凝聚共识在当代的现实可能性,首先源于人的类主体性。人是类的存在,是生物意义存在与社会意义存在的统一,在主体性方面具有类的共同性。尽管在肤色不同,体态各异,但不同种群的人还是具有基本的共同特征,在基本层次有着共同的需要。尽管动物也会有生存性的需要,但是人的生存需要比动物要高级的多。不同种类如草食或肉食性动物只是按照各自固有的生存属性进行能量获取与交换,而"人却懂得按照任何一个种的尺度来进行生产"[①]。以食物为例,在当今时代,除去一些极为特殊的场合,食物早已超越出其仅仅果腹的一般属性。在更多的时候,食物素材被人类进行复杂的加工处理,在色味方面具有更多的属人性,成为真正的食物,从而满足人类更加多元化的需要。同时,更为重要也更为根本的是,人在社会意义层面具有类的共同性。自诞生以来,人类总是尝试进行不同层次的社会交往,而全球化之前的人类交往更多

---

① 马克思,恩格斯.马克思恩格斯文集(第1卷)[M].北京:人民出版社,2009:163.

是域内交往。无论何时何地,人类要进行社会交往,总要借助于文字、语言等媒介性要素。尽管当今世界上存在几千种语言文字,但不同的语言文字之间可以相互转译,能够找到相同或相近的对应性词汇,本身就足以说明人在社会交往过程中的类共同性。至于存在着世界各国公认的建筑奇迹、文学经典、艺术作品等,更是人在社会意义存在类主体性的证明。总之,人类的类主体性,使人具备共同的主体尺度成为可能,让人们基于共有的主体尺度对同样的客体做出相同或相似的价值判断。

凝聚共识在当代的现实可能性,还源于当今时代人类利益关系的共生性。随着生产力的不断发展,新航路的开辟,新大陆的发现,人类社会各个国家之间相对封闭的生存状态被打破,进入了全球化发展的新时代。交通技术的不断创新,使得人们得以利用新的交通工具在全球范围实现短时间自由流动。全球市场的形成,使得一国的消费者能够享受世界各国所生产的优质商品。尤其是在 21 世纪,人类社会在利益关系的融合发展已经到达新的高度。互联网的普及、信息往来的便利、即时通信工具与软件的不断更新换代,更是使得人类社会的交流畅通无比。与此同时,全球的分工体系已经高度发达,一些生产程序较为复杂的产品,往往需要多个国家互相配合才能完成。而一国尤其是大国的经济发展往往助力全球经济发展,给世界发展带来更多机遇。以中国的经济发展为例,改革开放之后中国经济持续高速增长,为世界经济发展与全球经济风险应对做出巨大贡献。有研究者结合数据进行了实证分析,指出中国"对世界经济增长率的贡献由 1996 年的 12% 到 2016 年的 30% 以上,国内生产总值的增加倍数和年平均增长率远远高于世界且高于同期的美、日、欧等发达经济体"[①]。

凝聚共识在当代的现实可能性,与当今时代人类面临风险问题的共同性密切相关。与生产力水平的不断跃迁相一致,人类改造自然的手段日益多元,物质生活水平也因此得以不断提高。与此同时,当今时代的

---

① 罗坚毅,等.中国对世界经济增长贡献率的研究——基于 1996—2016 年数据分析[J].经济学家,2017(12):91-100.

人类生活并非高枕无忧。一国尤其是某些大国的经济动荡往往给世界经济发展带来波动,严重者甚至可以引发全球性经济危机。由国家治理失败、地区冲突战乱所引发的难民问题也会给世界发展带来更多的不确定性。在发展过程中,人类还面临着生态、能源、安全等方面的诸多公共性问题。比如,人类在改造自然界的实践活动中理念与实践方式的不恰当,导致生态危机、气候极端化等问题日益突出。又如随着人类自然资源消耗量的不断增加,全球能源危机也更加凸显。再如,非传统性因素给全球安全带来严重挑战,恐怖主义活动给人类和平稳定的生活带来巨大阴霾。面对这一系列世界性问题,仅靠单个国家或某个地区都难以真正解决。因此,人类需要形成整体性思维,世界各国人民必须共同应对当今时代人类遭遇的种种难题,以呵护人类共有的地球家园。在目前可以预见的时间范围内,地球作为人类生存的家园依然具有唯一性。尽管随着太空科技的进步,宇航员们已经能够离开地球生存一定的时间,但其能量补给等原材料皆来源于地球,反而更加证明了地球作为人类生存家园的唯一性。当然,共同价值是与历史发展水平动态适应的,人类现在还远远没有达到在所有问题各个领域都按照整体存在进行主体考量的发展程度。不过,在某些具体的领域,如全球经济发展、应对恐怖主义、走出生态危机等议题,人类越来越能够以整体性立场进行思考。显而易见,人类的整体性意识的强弱取决于人类一体化的发展程度。可以预见,随着人类文明程度的普遍提高,人类将会在越来越多的具体领域形成共同价值。

由此可见,凝聚共识是命运与共时代世界各国人民所追求的价值理想,是人类社会的时代性理论创新。共同价值倡导世界各国共同维护人类的整体利益关系、共同应对全球性危机,它以"和平、发展、公平、正义、民主、自由"等具体理念在观念形态上得到表达。由此可见,共同价值是与现实紧密关联的价值存在。共同价值倡导人类在应对重大利益关切时运用整体性思维,其发挥着价值规范与价值引领的双重作用。

(二)作为凝聚共识理念创新的"人类命运共同体"

"人类命运共同体"既表示命运与共时代的人类社会内部结构,也是一种全球化时代的价值理念。而作为人类文明进步方案得到表达的"人类命运共同体"理念,经历了由初步提出到拓展与深化的过程。"人类命运共同体"理念倡导世界不同类型的文明之间相互尊重而非强推"普世价值",提倡不同文明之间相互包容,主张不同文明之间实现和谐共荣。

1."人类命运共同体"理念的初步提出

在中国,命运表示由定数与变数组合而成的事物变化发展轨迹。在西方,命运(Destiny)则指主宰事物发展的某种神秘力量。无论在中国还是西方,命运都是民众耳熟能详的话语,也是日常生活中使用频率较高的词汇。当命运与国家一起使用时,其表述带有更多的未来指向,如国家命运多用来表达国家前途之意。毋庸讳言,"人类命运共同体"理念是人类对共同体发展前途的真切表达。在全球化飞速发展的当今社会,不同文明属性的国家相互影响,人类文明生态中的"蝴蝶效应"愈发明显。同时,在人类经济、生态、恐怖主义等问题日益凸显的今天,单个国家很难再"独善其身",各个民族、不同类型、不同层次的共同体处于命运交融已成为事实。

早在 2011 年,中国政府就指出:"不同国家组成'你中有我、我中有你'的命运共同体,要以命运共同体的新视角探求人类发展的新道路。"[①]显而易见,作为人类文明前行之道得以表达的"人类命运共同体"理念,首先是中国对人类社会发展定位、发展战略与发展目标的判断。党的十八大报告对"人类命运共同体"理念作了规范表述,指出:"要倡导人类命运共同体意识,在追求本国利益时兼顾他国合理关切,在谋求本国发展中促进各国共同发展,建立更加平等均衡的新型全球发展伙伴关系,同舟共济,权责共担,增进人类共同利益。"[②]报告阐述了中国对"人类命运共同体"理念的理解,提出各个国家在推动发展进步的过程中应秉持相互尊重的先进性人类文明理念,并进一步倡导各个国家在追求本

---

① 中国的和平发展白皮书[EB/OL](2011-9-6)[2021-12-28]. http://politics. people. com. cn/GB/1026/15598619. html.
② 胡锦涛.坚定不移沿着中国特色社会主义道路前进 为全面建成小康社会而奋斗——在中国共产党第十八次全国代表大会上的报告[J].求是,2012(22):3-25.

国利益时应树立正当合理的利益思维模式。

2."人类命运共同体"理念的拓展与深化

习近平在博鳌亚洲论坛年会(2015)上强调,"亚洲要迈向命运共同体、开创亚洲新未来,必须在世界前进的步伐中前进、在世界发展的潮流中发展"①,强调亚洲在未来发展过程中要主动顺应世界的发展潮流。习近平在第七十届联合国大会一般性辩论时的讲话中指出,"我们要继承和弘扬联合国宪章的宗旨和原则,构建以合作共赢为核心的新型国际关系,打造人类命运共同体"②,阐明了未来世界的发展潮流。按照共同体发展层级透视,中国在"人类命运共同体"理念的阐述上已基本形成了中国—亚洲—全球的架构。习近平在二十国集团领导人第九次峰会第一阶段会议上的发言中指出:"面对世界经济面临的各种风险和挑战,二十国集团成员要树立利益共同体和命运共同体意识。"③此外,习近平在伦敦金融城市长晚宴上的演讲中强调:"无论近邻还是远交,无论大国还是小国,无论发达国家还是发展中国家,正日益形成利益交融、安危与共的利益共同体和命运共同体。"④另外,"在阐述中土(土库曼斯坦)关系、中吉(吉尔吉斯斯坦)关系、上海合作组织发展方向时,习近平对'人类命运共同体'与利益共同体进行了区分表述"⑤。

从人类文明发展的角度进行分析,"人类命运共同体"不能简单等同于利益共同体,"人类命运共同体"是比利益共同体内涵更加丰富的价值理念。利益分配是人类文明的重要指涉,在人类文明的发展进程中,公共利益与公共资源分配同生产力发展水平动态适应。以利益分配在公

① 习近平.迈向命运共同体 开创亚洲新未来——在博鳌亚洲论坛2015年年会上的主旨演讲[N].人民日报,2015-3-29(02).

② 习近平.携手构建合作共赢新伙伴 同心打造人类命运共同体——在第七十届联合国大会一般性辩论时的讲话[N].人民日报,2015-9-29(02).

③ 习近平.推动创新发展 实现联动增长——在二十国集团领导人第九次峰会第一阶段会议上的发言[N].人民日报,2014-11-16(02).

④ 习近平.共倡开放包容 共促和平发展——在伦敦金融城市长晚宴上的演讲[N].人民日报,2015-10-23(02).

⑤ 陶文昭.科学理解习近平命运共同体思想[J].中国特色社会主义研究,2016(2):2,10-15.

共生活中的地位进行分析,人类文明共同体首先是利益共同体,而"人类命运共同体"在人类文明发展的意蕴上最主要就是指人类文明共同体。我们认为,利益共同体既是"人类命运共同体"的建立之基,又是"人类命运共同体"的外部表现形式。按照共同体纵向发展层级分析,"人类命运共同体"是比利益共同体更深层的人类社会关系缔结模式。"人类命运共同体"是对利益共同体的内涵式超越:利益共同体更多强调市场、经济方面的共生效应;"人类命运共同体"更多地蕴含人文情怀与文明要素,更多地强调经济关联外的人类文明应当互进共荣。从伦理学的意义上讲,"人类命运共同体"比利益共同体的内部结构更为牢固,它有着更为深层的人类文化与人类伦理认同,具有明晰的人类文明价值指向。

在可以预见的未来,人类面临的地区与国际环境将越来越富有挑战性。[1] 随着地缘政治环境恶化、恐怖主义蔓延、难民危机加重、极端民族主义抬头等人类文明危机不断爆发,为加快问题解决进度、保障人类共同利益,人类社会首先应在价值理念层面达成共识,"人类命运共同体"理念便依此应运而生。"人类命运共同体"理念作为人类文明前行方向的中国表达,倡导不同文明在发展进程中的互进共荣,致力于打造和谐共荣的人类文明共同体。亚洲乃至全球的文明发展基于各国在政治道路选择、社会制度自决方面的相互尊重与相互包容。同时,各国尤其是部分西方发达国家必须摒弃以往发展过程中的零和思维及对异质文明采取的限制、打压甚至粗暴武力干涉政策,采取更加包容与真诚的政策,树立真正的"人类命运共同体"理念,构建命运与共的人类文明未来。习近平关于"亚洲命运共同体"与"人类命运共同体"相关表述,给出了关涉亚洲及整个人类社会文明发展方向的中国判断及中国表达,给出了人类文明如何迈向未来的中国方案。在人类命运相互关联的今天,处于共同体特定发展位阶内的多元文明应避免在地球村内"同室操戈",以和合共生的共赢思维理性相待。作为思想聚合,"人类命运共同体"理念涵盖了

---

[1]　Zhang Yunling. China and its neighborhood: transformation, challenges and grand strategy [J]. International Affairs, 2016(4): 835-848.

众多人类文明观点的理论创新；作为全新表达，"人类命运共同体"理念实现了对"文明冲突论"等以往文明交流话语的风格突破，为中西方文明对话域中增添了新的鲜活元素。

3."人类命运共同体"理念内含共同的人类价值追求

"人类命运共同体"理念内含"和平、发展、公平、正义、民主、自由"的人类价值追求。与否认价值特殊性的"普世价值"不同，"人类命运共同体"理念在承认文明价值差异性的基础上，立足于共同利益谋求与共同问题应对，在趋同化异中追求人类文明的未来。人总是处于形形色色的"隔膜"之中：从外显条件看，人具有不同肤色、不同毛发；从内隐因素看，人生活在不同国度、不同制度之下。尽管如此，人作为"类"的存在，在"类"社会属性的规约下存在着文明价值层面的基本共识。"和平、发展、公平、正义、民主、自由，是全人类的共同价值"[①]，是人类不断努力的目标与方向。和平是人类的宝贵财富。摒弃暴力，珍视和平是现代理性人的基本认同。人类文明的一个重要呈现就是行为的文明性，国际法、国际协商会议等形式的出现都是规范和约束权力主体的人类政治制度的重要创新。寻求冲突、战争以外的问题解决方式是人类孜孜不倦的追求与美好愿景。发展是人类文明建设的中心议题。西方学者一开始把第三世界国家政治现代化的过程特指为政治发展。其双层逻辑是西方文明是现代化的且是最完善的文明，只有第三世界国家才面临着政治发展的问题，此种观点带有明显的"西方中心论"色彩。近年来，随着代议制民主种种危机的爆发，如在选举中为民众许诺空头支票的重要性甚至已经超过了执政本身等现象的出现使西方学者认识到：西方民主模式同样需要不断发展与完善，发展则是人类生活的永恒议题。公平是指公民参与公共生活的起点公平、程序公平及结果公平。普通民众参与公共事务的普遍性是衡量公平的重要维度。在完整的现代文明系统中，不仅应有民众表达利益诉求的渠道，还应存在民众影响决策的机制，矫正侵害民

---

① 习近平.携手构建合作共赢新伙伴　同心打造人类命运共同体——在第七十届联合国大会一般性辩论时的讲话[N].人民日报,2015-9-29(02).

众利益的体系则更加不能或缺。

正义是人类公共生活良好生态的保障,其对社会风气、伦理道德、法律制度等有着直接影响。对权力的"利维坦属性(强势及自利)"①进行制约,确保国家意志体现民众利益一直是人类生活的努力方向。如何保障伦理有效运作,使得契约精神的隐喻内涵深入人心,以便权力主体共同遵守生活规范是人类现代文明不断强调的重要议题。民主是社会主义国家与资本主义国家的共同追求。尽管现代民主理论起源于西方且其成长历程并非一帆风顺,但民主依然凭借其强劲辐射力迅速席卷全球,影响到人民大众日常生活的方方面面。如今,在家庭生活、在学习和工作场所中,民主无处不在,以至于有学者感慨:民主是"一种社会形态和广大公众的生活方式"②。尽管民主有着诸种不同的外在表现形态,但权力制约、竞争选举、尊重民意、捍卫权利、善治良法等内涵是其基本特征。自由是在尊重社会秩序的前提下对自身行动的合理与合法支配。合理是确保自身行动不会损害他人的正当利益,合法是确保自身行动不会对公共政策、社会秩序构成威胁。在人类自我发展和解放的历程中,减少自身发展束缚,实现对外部要素如时间的合理运用一直是人类梦寐以求的政治生活追求。

(三)凝聚共识是联结"人类共同命运"的精神纽带

人类社会的发展进步与共同体的进化相伴相随。在共同体自身的演进过程中,血缘、职业、宗教信仰等都曾发挥过重要作用,它们至今仍是联结不同类型共同体的现实纽带。全球化时代开启以来,从整体视角对人类社会加以审视越来越成为迫切的发展命题。人类社会在当代的基本现实是民族的多样、肤色的各异与文化的多元,而对未来发展前景的共同价值判断、对人类走向何处的共同价值选择、对未来生活的共同价值追求即共同价值则成为联结人类共同命运的精神纽带。

---

① Patricia Springborg. Hobbes and Schmitt on the name and nature of Leviathan revisited[J] Critical Review of International Social and Political Philosophy,2010(2-3):297-315.

② 蔡定剑.民主是一种现代生活[M]北京:社会科学文献出版社,2010:7-8.

　　共同价值是中国在洞悉人类社会发展规律前提下作出的具有重大前瞻性的价值预判,符合人类社会发展规律的价值追求。人类社会的发展,以生产力与生产关系的矛盾运动为基本动力。生产力的巨大发展,以人类相互之间的高度协作为基本前提,人类相互之间的社会交往密切程度也会随之不断提高。正是在历史发展规律的强力驱动下,人类一体化的趋势越来越成为必然。共同价值代表着人类的共同利益。共同价值所以能够获得认同,是因为当代人类存在着广泛的共同利益。基于共同价值,人们可以在利益获取方面达成一致。共同利益也不会凭空诞生,它总是人类有意识地共同协作的结果。正是基于共同利益的物质基础性,共同价值获得了现实存在基础。另一方面,在共同价值的驱动下,共同利益得以实现并不断扩大。共同利益的实现与扩大,又加深了共同价值的认同。可见,将共同价值转化为内在的利益驱动,正是共同价值作用于人类命运共同体的一般作用原理。

　　共同体有着自身的发展进化历程。生产力发展带来的经济融合以及交通、通信等技术的进步,使得当代人类相互之间的交往日益紧密,而当代社会因此也日益成为人类命运共同体。共同价值的目标是有效地型塑人类命运共同体,促进世界秩序更加规范、国际规则更加完善。可见所谓人类命运共同体,即是以共同价值为纽带将世界各国人民命运联结在一起的社会关系组织体。作为内涵丰富的重要范畴,共同价值对人类命运共同体的存在与发展起着重要作用。

　　作为联结人类共同命运的精神纽带,凝聚共识可以对完善全球治理发挥现实凝聚效用。当今世界,随着科技的不断进步,人与人之间的联系也越来越密切,人类在当代已经表现出命运与共的特征。如果从国家间联系的紧密性、人类共同发展的关联性加以审视,人类命运共同体在今日已经初具雏形。但是,人类命运共同体的内部结构并不具有先验稳定性。即保持人类命运共同体内部结构的稳定,需要人类共同捍卫实践进程中的进步发展成果,需要人类联袂珍视共同价值的存在。描述出人类在当代相互关系的紧密性,意味着共同价值不仅要强调人类利益关系的共同性,更要指出人类风险问题的共同性。利益与风险共同性的倡导、认识与感悟，可以增强人类关于命运共同体的意识。此外，揭示出人类社会命运与共的动态演进趋势，巩固并强化人类关于未来发展的积极价值期待，同样是共同价值的理论使命。

作为联结人类共同命运的精神纽带，凝聚共识还可以对完善全球治理起到发展引领作用。共同价值是超越性理论范畴，意味着人类对现实生活的不断超越性追求，而更加美好的生活状态可以实现更为完善的主体性人类存在价值。人类命运共同体是时代性发展的价值追求，是人类基于现有发展程度与已有发展经验构建出的时代性价值目标。对此，中国始终有着清醒的时代自觉，指出构建人类命运共同体，就是各国共同建设一个"持久和平、普遍安全、共同繁荣、开放包容、清洁美丽"①的世界。价值目标的实现缘于人类对自身发展方位的清醒认知，缘于人类对美好时代理念持之以恒的行为奋发。构建起符合世界人民价值期待的人类命运共同体，才能满足各国人民对时代美好生活的共同需要。在世界发展前行的过程中，共同价值不仅发挥着凝聚共识以激励人们共同奋斗的现实功能，还发挥着描绘时代追求的理论引领作用。

全球治理的完善，是共同体发展层次的不断跃迁，是人类命运共同体从初具雏形逐步走向成熟的过程。在具体发展过程中，人类命运共同体离不开共同价值的有效规范与价值引领。通过相对具体价值目标的描述，人类对未来社会的时代期望更加明确化，有效避免了追求美好生活却陷入乌托邦的发展悖论。一直以来，乌托邦式的美好想象总是不乏各种追随者，更有甚者如托马斯·闵采尔等人还将空想社会付诸实际，但最终却也难逃注定失败的命运。尽管乌托邦存在种种缺陷，但是它对人类社会的美好价值追求是值得肯定的。与乌托邦式想象存在根本区别，人类命运共同体基于对人类当下的深刻观察而对人类时代发展趋向做出的科学展望。不仅如此，人类命运共同体具有鲜明的实践指向，它不仅仅是一般意义的思想理念，更是现实的构建行动。人类命运共同体

---

① 习近平.决胜全面建成小康社会 夺取新时代中国特色社会主义伟大胜利——在中国共产党第十九次全国代表大会上的报告[N].人民日报，2017-10-28(01).

以现实利益为建构根基,其通过建构核心层的利益共同体,逐步走向价值共同体。

中国对自身在构建人类命运共同体中的政策走向与角色担当有着清醒的认知,正在逐步推动构建以价值共同体为方向的共同体。人类命运共同体具有强烈的问题意识,它的出场源于当今时代人类在发展过程中遇到的重大问题,其最终目标是建立起真正意义上的人类有机共同体生活状态。在人类命运共同体的构建过程中,中国会承担起与国家实力相对应的现实责任。特别是,中国正通过"一带一路"倡议、亚投行等重大合作项目,通过 G20 峰会、博鳌论坛、中非合作论坛、上合峰会等国际平台实际地推动人类命运共同体的现实演进。人类命运共同体虽然由中国提出并倡导,但其构建主体是世界各国人民。从目前看来,构成人类命运共同体的基本单位是世界范围的各个主权国家。世界人民更为准确的表达是世界范围内的各国人民。因此,巩固人类命运共同体内部结构的首要任务是通过共同价值凝聚世界范围内各国人民的价值共识。道义制高点的占据,可以让共同价值最终赢得世界各国人民的普遍认同。现今时代,人类面临着各种共同的问题。因此,通过研究共同需要与共同利益凝聚出认同度较高的价值理念,是发挥共同价值功能的重要路径。正是建立在对时代问题的准确把握的基础上,习近平在世界人民面前公开阐述,"我们要大力弘扬和平、发展、公平、正义、民主、自由的全人类共同价值,摒弃小圈子和零和博弈"[①]。当然,"六大理念"并非共同价值的穷尽,但毫无疑问它们是人类社会在当下最为关注的,也是最能取得人类认同代表性的理念。作为共同价值关系表达的"六大理念"并非彼此孤立,它们可以在人类命运共同体的现实构建中获得有机统一。

---

① 习近平.坚定信心　共克时艰建更加美好的世界——在第七十六届联合国大会一般性辩论上的讲话[N].人民日报,2021-9-22(02).

第三章 凝聚共识的马克思主义思想基础

众所周知,马克思主义是揭示人类社会发展规律的思想体系,它为我们观察与理解人类社会提供了源源不断的理论给养。探究凝聚共识的马克思主义思想基础是凝聚共识研究的题中之义。厘定马克思主义的价值立场,廓清马克思主义的价值视野,探究马克思主义的价值理想,不仅有助于理解凝聚共识对马克思主义思想的理论传承,还将有助于阐明凝聚共识的价值立场、明晰凝聚共识的价值视野、坚定凝聚共识的价值理想,从而增强凝聚共识在当代的理论解释力与理论批判力。

一、马克思主义的"人类社会"价值立场

马克思在市民社会的研究中找到了理解人类社会发展的锁匙即物质利益关系的基础决定性。马克思主义的人类社会价值立场,是在市民社会的研究与批判中得到进一步确立的。马克思将黑格尔所颠倒的国家与市民社会之间的关系重新颠倒了过来。市民社会的内在分裂的自我局限决定其会随着历史的发展而逐渐消亡,最终会被没有阶级对立的人类社会所替代,这也是人类社会发展的必然规律。

(一)市民社会中隐藏着理解人类历史的"锁钥"

在马克思的文本叙事尤其是早期文本叙事中,市民社会无疑是一个无法替代的重要范畴。作为专门的理论术语,市民社会与资本主义的产生、发展相伴相随。黑格尔曾经在其著作中对市民社会进行过细致的分

析。在黑格尔看来,家庭、市民社会、国家是伦理精神的实体存在,从家庭到市民社会再到国家反映出伦理精神实体性运动的轨迹,而且国家具有普遍的公共性,是目的性与现实性的统一①。即国家决定并规制着市民社会及家庭,"对家庭和市民社会这两个领域来说,国家一方面是外在必然性和它们的最高权力",同时,"国家又是它们的内在目的"②。

按照黑格尔的解释,国家作为最为普遍的公共性,作为公共利益与个人利益的统一,应该维护市民社会全体成员的利益,最起码也应该维护市民成员最低限度的生存利益。然而在当时现实的生活中,作为青年黑格尔派成员的马克思却发现了黑格尔理论与德国现实之间的深刻矛盾。在《莱茵报》报社工作时期,马克思要对林木盗窃与地产析分、摩泽尔农民状况、自由贸易与保护关税等影响重大且相对具体的物质利益问题发表看法。如果采取黑格尔的"传统经典理论框架",市民社会的所有成员都应该服从议会等国家机关作出的决定,因为国家机关会自动维护市民社会成员的利益。但在现实的德国情境中,无论是在议会议员的争论过程中,还是在真实的立法过程中,占据市民社会成员人口多数的无产者、贫困农民等底层民众的利益却始终得不到维护。国家真正维护的是当时德国国内新兴的资产阶级以及带有资产阶级色彩的封建残留势力的利益。传统理论与现实之间的悖论引发了青年马克思的思考,更使马克思感到价值关怀的良善愿望已经超过了自己所掌握的现有"实际知识"。此后,以哲学、历史和法学为研究专长的马克思逐渐转向经济问题的研究,在政治经济学中对市民社会进行了剖析。

市民社会是随着生产力的不断发展而日益独立出来的私人利益关系领域。在前资本主义社会,尽管市民社会也存在,但是多与公共生活交织缠绕,而且多数时间被公共生活所挤压和侵占。随着技术进步带来的生产力飞速发展,私有财产权在资本主义社会的不断制度性强化,市

---

① 黑格尔.法哲学原理或自然法和国家学纲要[M].范扬,张企泰,译.北京:商务印书馆,1961:173-174.

② 黑格尔.法哲学原理或自然法和国家学纲要[M].范扬,张企泰,译.北京:商务印书馆,1961:261.

民社会在资本主义社会中越来越具有典型性。基于此,马克思深刻地指出,市民社会自从"16 世纪以来就作了准备、而在 18 世纪大踏步走向成熟"①,"真正的市民社会只是随同资产阶级发展起来的"②。18 世纪的普鲁士,尽管同英法相比资本主义的发展较为落后,封建色彩较为浓重,但同样处于资本主义的早期资本积累时期,到 19 世纪上半叶,市民社会的特征在普鲁士也表现的更加明显。在现实的过程中,马克思发现国家政策的实施、国家机构的运转即国家的存在不过是为了确保市民社会中资产阶级的利益。基于此,马克思将黑格尔所颠倒的国家与市民社会之间的关系重新颠倒了过来,指出是市民社会决定国家而不是相反。同时,关于市民社会科学的研究实际上也就是"政治经济学"③的研究,最终使马克思得出物质利益关系具有基础决定性的历史性结论。

(二)市民社会的自我局限

市民社会并非国民经济学家所认为的是历史的永恒现象,其有着自己存在的历史,也会随着历史的发展而逐渐消亡。当然,日益独立的市民社会尤其是在资本主义社会中愈加典型的市民社会有着自身不言而喻的历史进步性。特别是相对于封建社会,市民社会更是历史的现实前进,但是市民社会并非完美无缺的历史存在,其有着自己与生俱来的局限。

政治国家是与市民社会相对应的存在,如果按照世俗化的程度进行判定,那么诚如马克思所言,政治国家代表着"天国",而市民社会则代表着"尘世"。与标榜公共性存在的国家不同,市民社会是私人利益的领域。马克思毫不讳言地指出,"实际需要、利己主义是市民社会的原则"④。作为物质利益抽象的市民社会,其与政治解放的关系密不可分。所谓政治解放,即是由政治革命所带来的现实解放。因此,独立的市民

① 马克思,恩格斯.马克思恩格斯文集(第 8 卷)[M].北京:人民出版社,2009:5.
② 马克思,恩格斯.马克思恩格斯文集(第 1 卷)[M].北京:人民出版社,2009:582-583.
③ 马克思,恩格斯.马克思恩格斯全集(第 16 卷)[M].北京:人民出版社,1964:409.
④ 马克思,恩格斯.马克思恩格斯文集(第 1 卷)[M].北京:人民出版社,2009:52.

社会是政治解放所取得的历史进步性成果。

在黑暗的欧洲中世纪，封建宗教无孔不入，其通过政治国家在实际上干预着市民的私人生活。或者说，在中世纪并不存在真正意义的市民社会。随着资本主义萌芽的产生，资本主义生产力体量的增大，封建宗教日益成为社会进步的障碍。因此，政治革命的产生与发展就成为历史的必然。政治解放的首要任务是清除封建宗教对政治国家的控制，将基督教国家转变为无神论或者民主制国家。"政治解放当然是一大进步，尽管它不是普遍的人的解放的最后形式，但在迄今为止的世界制度内，它是人的解放的最后形式。"①但是，在历史的整体发展进程中，政治解放显然不是最后的解放形式。政治解放并不意味着宗教的消亡，而是宗教从全面控制收缩到市民社会领域，即宗教信仰仅仅成为个人的私事。实际上，作为市民社会的成员，相当多的个人还有着信仰宗教的需要。与此同时，与封建宗教相互支撑的封建政权体系也是政治解放所要消除的目标。等级特权的存在，使得旧社会的国家制度成为同市民相异化的存在。政治革命所能做的，就是剔除市民社会中的封建政治残余，并建立起与市民社会相适应的资本主义国家体系。由此可见，市民社会的缺陷对应于政治解放的限度。

当然，就市民社会自身来讲，其也存在着深刻的内部矛盾。由于市民社会固有的自利性，在其中"人作为私人进行活动，把他人看作工具，把自己也降为工具，并成为异己力量的玩物"②。金钱成为市民社会的通行规则。虽然"无产者被承认是人，是市民社会的成员"③，但其在马克思所处时代却经历着比奴隶更加悲惨的生活。奴隶虽然没有人身自由，却因为被奴隶主视为私有财产，吃住穿等基本生存需要总是能够满足。而解除人身依附关系的无产者，反而连个人的基本生活都难以保障。因此，在市民社会中，仅仅是少数的资产阶级真正享受到了历史进

---

① 马克思，恩格斯.马克思恩格斯文集(第1卷)[M].北京：人民出版社，2009：32.
② 马克思，恩格斯.马克思恩格斯文集(第1卷)[M].北京：人民出版社，2009：30.
③ 马克思，恩格斯.马克思恩格斯文集(第1卷)[M].北京：人民出版社，2009：679.

步所带来的益处,无产阶级的境况比之前的历史时代更加凄惨。

市民社会得以存在的根本性物质基础,正是资本主义的生产资料私有制。依此可见,无论从政治解放的限度来看,还是从自身的内在矛盾进行分析,市民社会都存有难以克服的自我局限。

(三)人类社会对市民社会的价值超越

批判市民社会并扬弃之的结果必然是人类社会的出场。马克思指出,"旧唯物主义的立脚点是市民社会,新唯物主义的立脚点则是人类社会或社会的人类。"[①]其实早在中学时期,马克思就流露出其人类价值关怀的伟大志向。马克思在其中学毕业论文"青年在选择职业时的考虑"中,流露出其人类幸福和自我塑造是相互统一的思想。

费尔巴哈也曾试图超越市民社会进而理解人类社会,并提出了"类""类本质""类生活"等重要的范畴。从宗教异化的角度出发是费尔巴哈理解世界二重性的重要维度。费尔巴哈认为宗教是人同人的类本质相异化的结果,理解宗教要回到宗教的世俗基础——人本身。在《基督教的本质》中,费尔巴哈认为人之所以能够区别于动物就在于人拥有"类意识"的本质。实际上,费尔巴哈把"意志、理性"等看作是人的本质,尤其是"爱"是化解人的异化,使得人找回遗失的类本质的必然路径。在市民社会的现实中,费尔巴哈同样承认利益冲突的存在。但是,费尔巴哈认为这同样是人同自己的类本质相异化的结果,是社会发展到一定程度脱离了自然和谐的恶果。由此,为了克服市民社会内部分裂的弊端,费尔巴哈提出要建立"爱的宗教",从而达到人的本质的复归。虽然主张从人出发,但是费尔巴哈将人看作是感性直观而非感性运动,其对人的分析依然是抽象而非现实意义的。尽管也使用过"类"的概念,但由于理解的局限性,费尔巴哈所说的类只是自然联系起来的个体集合。费尔巴哈设定的是人并非"现实的历史的人"。[②] 费尔巴哈对世界的观察采取了感

---

① 马克思,恩格斯.马克思恩格斯文集(第1卷)[M].北京:人民出版社,2009:502.
② 马克思,恩格斯.马克思恩格斯文集(第1卷)[M].北京:人民出版社,2009:528.

性的态度,把世界看作是"某种开天辟地以来就直接存在的、始终如一的东西"①。因此,费尔巴哈所说的"类"与"类生活"本质上并未超越市民社会。

马克思将人类社会之前的历史时期称作"人类社会的史前时期"②,充分表明了他关于共同体生活如何演进的基本价值立场。同时,"术语的革命"不仅反映出人类社会对市民社会内涵的深刻超越。在全面解剖后者的过程中,马克思更是发现了物质生活之于人类社会的基础性意义,即在浩瀚的历史长河中"人们首先必须吃、喝、住、穿,然后才能从事政治、科学、艺术、宗教等等"③。人类要发展,首先要解决自己的生存性需要,进行满足基本需要的物质生产活动。伴随着人类生产能力的不断提高,物质产品的产出也相对日益充裕。实际上,生产问题与分配问题是人类在进步过程中始终要面临的两大核心主题。特别是,生产力与生产关系之间总会发生多种形式的矛盾,而人类需要不断解决好生产与分配之间的矛盾。

资本主义社会是市民社会的成熟阶段,后者的基本特征可以在资本主义社会中得到最典型的发挥。同时,资本主义社会还是私有制社会的最后历史形态,是"人类社会的史前时期"的最后历史形态。马克思认为,市民社会最终会被没有阶级对立的人类社会所替代,这是人类社会发展的必然规律。资本主义社会无法解决自己内部所产生的矛盾,即资本主义社会之所以能够发展成为市民社会的典型形态,是因为资产阶级私有制支撑了资产阶级的生产,使得在一定历史阶段内的生产力发展与扩张成为可能。但同时,由于生产资料的资产阶级所有制所造成的少数资产阶级对多数劳动者剥削的历史异化,也决定了市民社会最终被人类社会所替代的历史必然。

---

① 马克思,恩格斯.马克思恩格斯文集(第1卷)[M].北京:人民出版社,2009:528.
② 马克思,恩格斯.马克思恩格斯文集(第2卷)[M].北京:人民出版社,2009:592.
③ 马克思,恩格斯.马克思恩格斯文集(第3卷)[M].北京:人民出版社,2009:601.

二、马克思主义的"世界历史"价值视野

马克思所说的世界历史，并不是一般意义上的整个人类世界从古至今的发展历史，而是有其明确的理论内涵，是指人类社会发展到"一体化"阶段之后的历史。毋庸置疑，马克思主义对世界历史的叙事并不是纯粹客观的事实描述，而是有着鲜明的价值态度。具体表现为，充分肯定资本主义在世界历史中的进步性价值，无情批判资本主义在世界历史进程中给人类带来的灾难，从而进一步指出世界历史中不合理因素的剔除必然是社会所有制的建立。

（一）资本主义的勃兴拉开了世界历史的序幕

漫长的中世纪之后，资本主义私有制在欧洲得到了确立并逐渐发展起来。马克思在《德意志意识形态》中指出，从中世纪结束到 18 世纪，私有制在欧洲的发展大致经历了三个历史时期，即工场手工业时期、商业时期和资本主义大工业时期。正是得益于地中海区域商品贸易的不断发展，欧洲传统封建行会生产效率低下的弊病才在对比之下日益显现。与此相应，以私有制为基础的雇佣式分工劳动不断显现出巨大的生产效率优势。历史的车轮前进到 17 世纪，代表私有制的资本主义制度与代表行会的封建等级制度之间的矛盾愈发尖锐。掌握统治权力的封建主义在资本主义经济面前感到恐惧，开始逐渐地疯狂打压新兴资产阶级，从而导致了资产阶级革命的直接爆发。在尼德兰北部地区、英国和法国等欧洲国家，一系列政治革命相继取得成功，资产主义发展因此获得了稳定的制度性保障。

马克思曾经对资本主义在将近一个世纪内创造出的巨大生产力毫不吝惜赞美之词。在前资本主义时期，生产力进步往往依靠人力的直接推动。而历史进入资本主义阶段之后，日渐得到应用的工业"仿佛用法

术从地下呼唤出来的大量人口"[①],在物质财富创造方面甚至超过以往人类社会各个时代之总和。以英国中部为发源地,珍妮纺纱机、联动式蒸汽机等机器的使用极大地提高了生产效率,欧洲因此爆发了轰轰烈烈的工业革命。随着新航路的开辟、新大陆的发现与交通技术的飞速进步,以往全球各个大陆之间相对隔绝的状态被打破,人类相互之间的联系与交往变得更加密切。伴随着资本主义在全球的不断扩张,欧洲成为当时全球贸易的中心,人类有史以来真正意义的世界市场得以建立。马克思以非凡的洞察力观察到了隐藏在"世界市场"背后的人类社会发展趋势,指出世界历史由于生产力发展、生产关系及交往关系日益密切,越来越具有现实性与必然性。以生产力、生产关系发展作为基础的精神生产也越来越具有世界历史性,"各民族的精神产品成了公共的财产。"[②]总之,资本主义的兴起拉开了世界历史的序幕,人类社会自此进入崭新的"世界历史"发展阶段。

(二)世界历史进程中的深重灾难

尽管创造出了巨大的生产力,但早期世界历史进程中的资本主义不仅没有改善本国无产阶级的生存状况,资本主义的全球扩张更是给亚非拉等殖民地国家带去了深重灾难。资本主义按照自己的逐利模式打造出一个以欧洲为中心的世界等级秩序,使得东方世界附庸于西方世界。

世界历史的早期,在欧洲资本主义国家内部,无产阶级在各个方面遭受着资产阶级的深重压迫。无产阶级的境遇主要表现为他们在物质生产中付出巨大劳动,却连一般性生存意义的温饱都难以保障。因此,无产阶级在工人运动之前往往采用破坏机器等行为来发泄自身不满。此后,资本主义工业较为发达的里昂、伦敦、西里西亚等地区,一度成为欧洲工人运动的中心。在此起彼伏的欧洲反抗运动中,无产阶级喊出的"不能劳动而生,毋宁战斗而死"等口号反映出他们在当时所遭遇的巨大不公。

---

① 马克思,恩格斯.马克思恩格斯文集(第2卷)[M].北京:人民出版社,2009:36.
② 马克思,恩格斯.马克思恩格斯文集(第2卷)[M].北京:人民出版社,2009:35.

为了满足资本积累的需要,西方资产阶级在世界历史的早期阶段进行了惨无人道的黑奴贸易。以葡萄牙、西班牙、英国等为代表的早期资本主义国家,为了使用廉价劳动力并以此攫取高额利润,从非洲殖民地运送大量的黑人并将其贩卖到世界各地充当劳役奴役。早期的资产阶级为了扩张自己的领土势力范围还血腥屠杀以印第安人为代表的殖民地原住民。先发的资本主义国家凭借自己的经济优势与武力优势,在世界范围内到处建立殖民地,掠夺了其他国家大量的自然资源与社会财富,并依靠在殖民地培植代言人的方式控制后发国家的经济社会发展。在世界历史的早期,整个世界被资本主义打造成"中心—附庸"的秩序运转体系。

(三)社会所有制的必然确立

马克思认为,世界历史在客观上由资本主义的发展所推动,此为人类社会的客观进步。但是,由于资产阶级所主导的资本主义将逐利奉为唯一的价值追求,使得世界历史在发展过程中存在诸多的价值不合理之处。而世界历史要获得健康发展,必须推翻支撑资本主义发展的所有制关系,建立起更加符合人类社会内在演进规律的社会所有制。

历史的进步,社会形态的更替,总是与所有制关系的变迁相伴相随。马克思指出,"共产主义的特征并不是要废除一般的所有制,而是要废除资产阶级的所有制"[①]。自从资本主义社会确立了金钱至上的统治原则之后,资本就成为资本主义国家内乃至资本主义的全球势力范围内畅行无阻的"通货"。依靠资本主义私有制的基础性支持,资产阶级所拥有的财产就拥有了双重性质。一方面,它是资产者个人通过剥削而得来的社会财富。另外且更为重要的一方面,它还是资产者社会地位的象征,是资产者占有社会资源从而支配无产阶级的阶级特权。在雇佣劳动的条件下,工人仅仅因为资本的增殖需要才能够生存。所以,资本家之所以支付给工人一定工资仅仅是为了让工人继续存活从而不断增殖已经积

---

① 马克思,恩格斯.马克思恩格斯文集(第 2 卷)[M].北京:人民出版社,2009:45.

累起来的劳动,不断扩大资本的积累规模。正如马克思所剖析的,"在资产阶级社会里,活的劳动只是增殖已经积累起来的劳动的一种手段"①。由此可见,只有将资本转变为社会财产,才能彻底消灭掉资本的剥削性质,使其不再成为社会压迫与社会剥削的手段,转而成为全社会的共同财富。而劳动作为人类生存、发展的必要手段,因为各种束缚的消失也能够创造出更大的社会效益。正因为如此,马克思对未来世界展望道,"在共产主义社会里,已经积累起来的劳动只是扩大、丰富和提高工人的生活的一种手段"②。

三、马克思主义的"自由人联合体"价值理想

人类社会发展的最终价值趋向,同样是马克思所思考并重点关注的问题。从共同体的演进逻辑加以审视,自由人联合体是共同体的最终发展趋向与最高层级。在资本至上的社会中,自由建立在人们相互分离的基础之上。由此,马克思批判了资本主义自由观,并通过阐释何为自由人进而描述自由人联合体的价值理想。

(一)资本主义自由观的价值批判

在《论犹太人问题》中,马克思对资本主义视域下的自由作了分析并阐明了马克思主义自由观。按照1791年《人权宣言》与1793年法国《雅各宾宪法》的解释,自由被理解为"可以做和可以从事任何不损害他人的事情的权利"③。显而易见,自由作为资本主义人权的基本内容得到阐发,自由即是市民社会成员的基本权利。如果从纯粹的内容进行分析,自由的界定似乎没有问题。但是,对任何概念的分析都不能脱离具体的时代条件,理解19世纪的资本主义关于自由的概念同样如此。在资本至上的逻辑主导下,市民社会充盈着自私自利的气息,社会成员之间也

---

① 马克思,恩格斯.马克思恩格斯文集(第2卷)[M].北京:人民出版社,2009:46.
② 马克思,恩格斯.马克思恩格斯文集(第2卷)[M].北京:人民出版社,2009:46.
③ 马克思,恩格斯.马克思格斯文集(第1卷)[M].北京:人民出版社,2009:40.

是彼此互相分离。因此,马克思毫不避讳地指出,资本主义社会中自由的基础是人与人之间的相互分离。

马克思同时指出,资本主义自由权在实际生活中的使用即是私有财产权。在1793年法国《雅各宾宪法》中,财产权的规定是"财产权是每个公民任意地享用和处理自己的财产、自己的收入即自己的劳动和勤奋所得的果实的权利"[①]。由此,孤立的个人自由与私有财产权便构成了市民社会的世俗基础。按照资本主义社会的自由标准,在我的自由实现与他者自由实现之间就形成了无形的屏障,其他人都会被看作是个人自由实现的障碍。不仅如此,平等也被看作自由权适用的平等,而同样作为人权内容之一的安全则成为自由的外部保障。

按照资本主义的解释逻辑,个体自由是至高无上的存在,共同体或者社会都应该居于次要位置。共同体生活与个体独立性之间存在着尖锐对立,能够在个体之间建立起联系的只能是类似自然必然性般的个体需要,即私人利益。市民社会因此成为利己主义的坚定支持者,即"人作为社会存在物所处的领域被降到人作为单个存在物所处的领域之下"[②]。

(二)马克思主义关于自由人的理论阐释

马克思所说的自由人,既有同奴隶地位相对应的拥有自由身份的"自由人",同样也有青年黑格尔派主要成员所组成的"自由人"(醉心于抽象的哲学争论)小组。当然,大多数时候马克思所说的自由人指的是更高社会发展阶段上的自由个体,是摆脱压迫和奴役的自由个体。

在马克思生活的时代,西欧生产力发展水平处于世界的绝对领先地位,马克思曾经毫不避讳地言明了自己对资本主义创造出伟大财富的积极肯定态度。但是,马克思在分析早期资本主义财富创造的过程时却发现,被资本主义在理论上奉为圭臬的自由在实际生活中却只是一纸空

---

① 马克思,恩格斯.马克思恩格斯文集(第1卷)[M].北京:人民出版社,2009:41.
② 马克思,恩格斯.马克思恩格斯文集(第1卷)[M].北京:人民出版社,2009:43.

文，即"物的世界的增值同人的世界的贬值成正比"①。作为价值主体，人只有掌握自我才能拥有生存发展的意义，人只有"成为自身的主人"②才能不断趋近成为真正意义的自由人。而资本主义的生产过程却造成了人的主体性丧失，尤其是处于直接劳动境地的产业工人，个体自由的丧失情况已经到了无以复加的地步，他们愈是"把自己的生命投入对象"③，自我否定的情况就愈加严重。

进入社会主义社会之前，大多数人都无法成为真正的自由人。封建社会及之前，人类社会中占据主导地位的是人身依附关系，资本主义社会在理论上倡议的自由也无法得以真正实现。而人与人之间的真实关系也经常被各种意识形态的假象所遮蔽，个体对自由的向往则通过宗教等外在形式得到反映。由此可见，前社会主义时代，人类社会在发展过程中总是靠牺牲一部分人的利益从而满足另外一部分人的利益，并且在历史上更多是牺牲大多数人的利益去满足少数统治者的利益，即少数人自由境遇的暂时获得以多数人的牺牲为代价。

只有人类步入社会主义社会，个人成为自由人才具备各方面的基础。社会主义创造物质财富的过程中，"全部生产集中在联合起来的个人"④，全体生产者处于自由且平等的地位。社会主义社会"用公共的生产资料进行劳动，并且自觉地把他们许多个人劳动力当作一个社会劳动力来使用"⑤。个体需要因物质生产力的极大发展而得以满足，社会所创造的一部分财富成为共同体继续发展的生产资料，而另一部分财富则作为生活资料被共同体成员所消费。共同体根据自身的发展程度恰当地安排不同群体的劳动时间，从而保持需要与劳动时间之间的比例平衡。此外，劳动时间还可以衡量个人在生产中的贡献，从而分配相应的消费额度。因而，在社会主义的现实生活中，生产力的发展有总体性的

---

① 马克思，恩格斯.马克思恩格斯文集(第 1 卷)[M].北京：人民出版社，2009：156.
② 马克思，恩格斯.马克思恩格斯文集(第 3 卷)[M].北京：人民出版社，2009：566.
③ 马克思，恩格斯.马克思恩格斯文集(第 1 卷)[M].北京：人民出版社，2009：157.
④ 马克思，恩格斯.马克思恩格斯文集(第 2 卷)[M].北京：人民出版社，2009：53.
⑤ 马克思，恩格斯.马克思恩格斯文集(第 5 卷)[M].北京：人民出版社，2009：96.

规划,同时要求所有社会成员共同参与生产过程,而作为生产力结果的社会财富也由全体社会成员所共同享有。阶级对抗的消灭,旧式分工的消除,使得全体社会成员能够心无旁骛地从事各种劳动,个人的潜能与才能也才能得到恰当性地发挥,个体逐渐成长并发展为自由人。

(三)自由人联合体的价值理想

自由人联合体思想,是马克思在长期的理论反思与现实观照中形成的重要理论成果。早在 1842 年,马克思就初步提出了"自由人联合体"概念,指出应该"把国家了解为相互教育的自由人的联合体"[①]。不过,此时的马克思受到黑格尔国家观较大影响,他所说的自由人联合体显然还不是后来意义的真正共同体。但以此为标志,马克思开始对个人与共同体关系,对作为类群体的人类发展趋向做出系统思考,并逐渐形成真正共同体即自由人联合体思想。在全面考察国家历史的基础上,马克思指出:"正是由于特殊利益和共同利益之间的这种矛盾,共同利益才采取国家这种与实际的单个利益和全体利益相脱离的独立形式,同时采取虚幻的共同体的形式。"[②]实际上,国家的消亡为自由人联合体的实现提供了可能。某种程度上也可以说,国家的消亡与自由人联合体是观察共产主义社会的两种不同视角。详细探究马克思共同体思想的演进逻辑可以发现,马克思在批判虚幻共同体的叙事过程中完成了真正意义共同体的建构。

自由人联合体是共同体发展的最高层级。作为人类未来的社会关系结合形式,自由人联合体描述了共产主义社会中的人类生活日常,书写了大道至简的共同体演进图景。需要指出的是,自由人联合体是个体的有机而非机械结合,是共同体的自由状态而非强制规定。在共产主义社会中,不仅自由人之间能够相互扶持与共同帮助。与此同时,共同体也为自由人的发展提供环境庇护与能量支持,自由人与共同体在自由人

---

① 马克思,恩格斯.马克思恩格斯全集(第 1 卷)[M].北京:人民出版社,1960:118.
② 马克思,恩格斯.马克思恩格斯文集(第 1 卷)[M].北京:人民出版社,2009:536.

联合体阶段处于协同共进、相得益彰的状态。

社会形态的更替谱系中，尽管并不存在诸如实验规律般的线性社会进化，但共产主义的通达却是历史必然。共产主义社会中，个人能够基于意愿与需求自由支配时间，成为真正意义的自我发展主体。社会的运行与发展，以自由人联合的形式整体进行。总体说来，自由人联合体从多个维度超越了前共产主义阶段。其中，对美好社会的追求实现了从乌托邦式想象到科学社会主义的超越；对所有制的追求实现了从少数私有到社会公有的超越；对解放的追求实现了从宗教、政治到人类整体的超越。毋庸讳言，自由人联合的实现以物质、精神财富的极大积累为基本前提。共产主义社会"是人向自身、也就是向社会的即合乎人性的人的复归"①。自由人联合体状态中，劳动对个人而言不再是负担，亦不再是异化和外化。社会分工对个人而言是自愿而不是强制，个体可以在享受劳动本身旨趣的过程中充分实现自我发展。总之，"劳动阶级在发展进程中将创造一个消除阶级和阶级对抗的联合体来代替旧的市民社会"②。

马克思曾深刻指出，每逢时代变换的重大节点，处于世界舞台中心的人类"对于'从何处来'这个问题没有什么疑问，但是对于'往何处去'这个问题却很模糊"③。正是基于关怀人类前途的强烈责任，马克思倾其一生探寻人类社会发展的基本规律。基于大量实践探索与理论研究，马克思揭露出"剩余价值"的时代秘密，指明了历史唯物主义的一般性社会发展规律，为人类描绘出自由人联合体的未来文明景象。发现问题是应对与解决问题的前提，对时代发展而言意义重大。关于问题意识与时代发展的内在关联，马克思曾有过精辟论述，他在"集权问题"一文中指出："问题是时代的格言"。马克思以非凡的洞察力揭示出西欧资本主义在发展过程被遮蔽的各种"问题"，并给予无情鞭挞与批判，"所谓无情，

---

① 马克思，恩格斯.马克思恩格斯文集(第1卷)[M].北京：人民出版社,2009：185.
② 马克思，恩格斯.马克思恩格斯文集(第1卷)[M].北京：人民出版社,2009：655.
③ 马克思，恩格斯.马克思恩格斯文集(第10卷)[M].北京：人民出版社,2009：7.

就是说,这种批判既不怕自己所做的结论,也不怕同现有各种势力发生冲突。"①通过对人类发展历程的深入考察,马克思意识到,尽管向往自由,但现实中的个人总是处于形形色色的束缚与枷锁之中,而此种现象在资本主义社会表现得尤为突出。工业革命的勃兴与发展,尽管在客观上创造出巨大财富,却使得人类的解放趋势出现"悖论",即本该因生产力发展得到减缓的异化反而在程度上不断加深。马克思发现,人类解放"悖论"的根源在于生产资料的少数人私有制。从解释世界到改变世界的理论转向,往往需要巨大的理论勇气与魄力。马克思指出,扬弃生产资料的私有制并实行生产资料公有制,才能彻底改变异化世界的运行机理。

马克思不无深刻地指出:"思想一旦离开利益,就一定会使自己出丑。"②尽管在自由人联合的状态中,人们相互之间没有阶级利益分化。但绝不能因此判定自由人联合体不存在利益属性。恰恰相反,自由人联合体的运转以利益的充分供给与保障为基础。需要指出的是,自由人联合体不仅重视现实层面的物质利益,更看重发展层面的精神互利。马克思所处的时代,资本主义取得了巨大成就,"资产阶级在它的不到一百年的阶级统治中所创造的生产力,比过去一切世代创造的全部生产力还要多,还要大"③。然而资本主义所采取的发展方式,却以普通劳动民众的巨大牺牲为代价。考察资本主义的原始积累过程不难发现,资产阶级采取奴隶贸易、野蛮掠夺、压迫无产者等方式完成利润攫取,马克思指出,"资本来到世间,从头到脚,每个毛孔都滴着血和肮脏的东西"④。残酷的阶级剥削使得资产阶级制度产生了"它自身的掘墓人"⑤,尖锐的阶级对立使得"资本主义私有制的丧钟就要响了"⑥。马克思指出:"新思潮的优点又恰恰在于我们不想教条地预期未来,而只是想通过批判旧世界

---

① 马克思,恩格斯.马克思恩格斯文集(第10卷)[M].北京:人民出版社,2009:7.
② 马克思,恩格斯.马克思恩格斯文集(第1卷)[M].北京:人民出版社,2009:286.
③ 马克思,恩格斯.马克思恩格斯文集(第2卷)[M].北京:人民出版社,2009:36.
④ 马克思,恩格斯.马克思恩格斯文集(第5卷)[M].北京:人民出版社,2009:871.
⑤ 马克思,恩格斯.马克思恩格斯文集(第2卷)[M].北京:人民出版社,2009:26.
⑥ 马克思,恩格斯.马克思恩格斯文集(第5卷)[M].北京:人民出版社,2009:874.

发现新世界。"①通过自由人联合体一般特征的描述,马克思言明了未来社会的发展趋向,进而完成了未来社会的理论叙事。由于各个阶段发展的具体性与复杂性,马克思不可能也无法完成关于通达"自由人联合体"的具体发展路径的制定。

四、凝聚共识对马克思主义价值思想的理论继承

当代人类的命运与马克思主义的发展状况息息相关。人类当今所处的时代依然是整体向社会主义迈进的时代,"从世界社会主义500年的大视野来看,我们依然处在马克思主义所指明的历史时代"②。马克思主义的基本理论依然对当今人类社会发展具有现实性指导意义,继承马克思主义价值思想必然有利于增强共同价值在当代的理论解释力与理论批判力。

(一)阐明凝聚共识的"人类社会"价值立场

为了发现人类社会的发展规律,马克思对市民社会进行了详细的考察,恩格斯在阐释马克思历史观时更是指出马克思是在市民社会中找寻到了"理解人类历史发展过程的锁钥"③。随着市民社会研究的不断深入,人类社会作为马克思主义的价值立场逐渐得以确立。凝聚共识在当代的阐扬,同样应该坚持并继承马克思主义的"人类社会"价值立场。

需要指出的是,凝聚共识的"人类社会"的价值立场与马克思所说的严格意义的人类社会还存在着一定理论张力。马克思所说的扬弃市民社会的人类社会,理论构想是建立起符合全部个体利益的、消除阶级差别的人类社会。尽管人类社会的部分阶段性目标在当代中国已雏形初现,但从人类社会发展整体的维度进行考量不难发现,当年马克思所意

① 马克思,恩格斯.马克思恩格斯文集(第10卷)[M].北京:人民出版社,2009:7.
② 习近平.深刻认识马克思主义时代意义和现实意义 继续推进马克思主义中国化时代化大众化[N].人民日报,2017-9-30(01).
③ 马克思,恩格斯.马克思恩格斯全集(第16卷)[M].北京:人民出版社,1964:409.

指的人类社会无论从实现范围还是实现程度来看都还不很乐观。特别是，市民社会的内在逻辑依然延续到今日并在相当程度上仍然主导着当今时代人类的发展方式。市民社会追求私利、自我分裂的逻辑所带来的人类发展状况，实质上只能是有学者根据研究所指出的人类的"'片面发展'，而不可能是'共享发展'"①。

由此可以看出，凝聚共识"人类社会"的价值立场与马克思主义"人类社会"的价值立场在基本逻辑层面具有完全一致性，即致力于否定市民社会的私利追求与等级逻辑，致力于让人类共同体中的绝大多数主体从根本层面获益。

凝聚共识"人类社会"价值立场在当代的阐明，意味着完善全球治理必须坚持让所有主体获益的价值倾向。凝聚共识的"人类社会"价值立场，追求人类整体共同利益的实现。人类整体涵盖了处于地球空间的绝大多数人，其在当代既包含社会主义国家，更不会将资本主义国家排除在外。共同价值的倡导，意味着两种制度在共同价值的引领下"携手"追求人类发展过程中的整体利益。人类只有在合作中才能促进世界生产力的整体发展，才能推动人类经济社会的整体发展进步。同时，人类在发展过程中也要注重世界各个地区的均衡发展。所谓均衡发展，指的是让世界各个地区的人民，不仅是发达国家的人民，更是发展中和极不发达国家的人民都能享受到现代化发展的具体成果，在日常生活、交通、教育、医疗、通信等方面不断共享现代化的进步性效应。

马克思在市民社会的研究过程中发现了理解人类历史发展过程即人类社会发展的"锁钥"——物质利益关系的基础决定性。马克思还进一步解释，"物质生活的生产方式制约着整个社会生活、政治生活和精神生活的过程"②。完整地坚持共同价值的"人类社会"价值立场，意味着构建人类命运共同体需要以坚持人类物质生活的改善为基础。对于共

---

① 刘同舫.构建人类命运共同体对历史唯物主义的原创性贡献[J].中国社会科学,2018(7)：4-21,204.

② 马克思,恩格斯.马克思恩格斯文集(第2卷)[M].北京：人民出版社,2009：591.

同价值来说,价值关系是基础性的存在,与马克思经济基础具有最终决定性的原理高度统一。由此可见,践行共同价值,构建人类命运共同体首要任务在于促进世界生产力的发展,从而生产创造出更多符合世界人民需要的现实利益关系。

当今时代的世界人民,纵然已经在生产力发展方面取得了巨大的成绩,但依然面临着继续发展的现实要务。具体到各个国家而言,无论是发达国家还是发展中国家,都面临着继续发展生产力从而改善本国人民物质生活条件的现实任务。以当今时代高度发达的美国为例,根据联合国人权理事会极端贫困与人权问题特别报告员菲利普·阿尔斯顿的研究,"当今美国约有 4000 万贫困人口,其中 1850 万人处于'极端贫困'状态"①。尽管美国制定的贫困标准线在世界范围内属于较高水平,但贫困人口问题确实反映出美国在消除城市贫困、种族不平等上依然需要继续努力。至于发展中国家,更是面临着改善人民物质生活的迫切任务。如在尼日利亚、印度等国,贫困人口的数量依然十分庞大,放任全球贫困持续恶化必然会引发更多全球性问题。诚如马克思当年的警示,"在极端贫困的情况下,必须重新开始争取必需品的斗争,全部陈腐污浊的东西又要死灰复燃"②。处于社会主义初级阶段的中国,近年来尤其是党的十八大以来在消灭贫困方面取得了较大成绩,通过一系列脱贫攻坚举措完成全面建成小康社会的伟大战略目标。

(二)明晰凝聚共识的"世界历史"价值视野

马克思将人类社会发展到"一体化"阶段之后的历史称为世界历史,既对资本主义在早期世界历史进程中创造的巨大生产力,对资本主义兴起过程中促进人类生活进步的进步性进行了价值肯定,同时也对资本主义在世界历史早期阶段给人类带来的巨大灾难给予了价值批判。

此外,马克思在阐述世界历史的发展趋势时指出,随着发展程度的

---

① 方莹馨.联合国人权理事会特别报告员指出 美国贫困和社会不平等问题比想象中严重[N].人民日报,2018-6-24(03).

② 马克思,恩格斯.马克思恩格斯文集(第 1 卷)[M].北京:人民出版社,2009:538.

不断深入，扬弃资本主义私有制的社会所有制必然得到建立。诚然，社会主义的发展在20世纪90年代前后曾遭到重创。但社会主义国家得到建立并发展的事实本身就足以说明马克思关于社会所有制的基本判断。至于中国对公有制经济的坚持和发展，更是社会所有制生命力的最好诠释。当然，如今世界范围内大多数国家实行的依然是生产资料私有制，但诸如英国、美国等资本主义国家在发展过程中吸纳借鉴了马克思的社会所有制思想也是不争的事实。特别是，资本主义在应对经济危机的过程中往往会向社会所有制寻求解决智慧，即"社会主义的逻辑也在促使资本主义世界体系发生重大而深刻的变化"[1]。由此可见，共同价值在当代的倡导仍然需要明晰其"世界历史"的价值视野。"经济全球化是我们谋划发展所要面对的时代潮流"[2]，也是明晰共同价值的"世界历史"价值视野所要面对的时代潮流。

明晰凝聚共识的"世界历史"价值视野，意味着对当代经济全球化的客观进步性要给予全面评价。值得肯定的是，当代的经济全球化在发展过程中曾经出现过包容性的阶段。一方面，二战以来的经济全球化极大地提升了世界生产力的整体水平，且改变了许多后发国家极端落后的面貌。另一方面，冷战结束之后的经济全球化接纳了坚持社会主义制度的中国，而中国也较好地适应融入了经济全球化，并且进一步推动了经济全球化的深入发展。马克思指出，"用时间去消灭空间，就是说，把商品从一个地方转移到另一个地方所花费的时间缩减到最低限度"[3]。经济全球化的深入发展带来了全球流动性的日益增强，空间的相对扁平化可以使得人类在同等时间内提高包含产品生产率在内的发展效率。应该看到，正是获益于经济全球化的不断深入推进，世界的整体发展面貌才得到重要改观。

明晰凝聚共识的世界历史价值视野，还意味着需要对经济全球化过

---

① 鄢一龙,等.大道之行:中国共产党与中国社会主义[M].北京:中国人民大学出版社,2015:40.

② 习近平.习近平谈治国理政(第2卷)[M].北京:外文出版社,2017:210.

③ 马克思,恩格斯.马克思恩格斯全集(第46卷下)[M].北京:人民出版社,1980:33.

程中不合乎历史前进逻辑的错误价值导向进行批判,尤其是对当前出现的"逆全球化"与民粹主义思潮,要进行及时的理论批判,以捍卫世界历史的前进方向与演进逻辑。当前全球经贸过程中出现的"逆全球化"现象,是人为故意操纵的结果,某些国家试图通过制定单向有利的霸王条款以打乱、干扰全球经贸的正常节奏,使本应推动推进人类文明交流融合的发展潮流遭受无端阻力。由此可见,所谓的"逆全球化"并不是相关国家完全地拒斥全球化将自我封闭起来,而是它们试图继续保持自身绝对优势而牺牲其他国家正当利益的一种不当竞争策略。一些国家试图对发展势头强劲的中国实施围追堵截,通过渲染国强必霸,妄图阻断中国民族复兴,这也是当前"逆全球化"思潮中的一种声音。至于欧美近来有所抬头的民粹主义思潮,更是表现出盲目排外的特点。人类发展已经并且将不断证明,"孤立、封闭、隔绝,总是和落后的社会生产力水平联系在一起,反之也如此,即交流、交往、开放,往往是和先进的社会生产力水平联系在一起的"[①]。面对经济全球化进程中的错误思潮,坚持"世界历史"的视野,引导人们客观公平地看待经济全球化、全面理性地认识中国,无疑是当前倡导共同价值与构建人类命运共同体的重要任务之一。

(三)坚定凝聚共识的"自由人联合体"价值理想

"自由人联合体"的价值理想,是马克思在深入剖析资本主义人权观的基础上,基于对自由人的理解和人类发展的必然趋势所确立的价值理想。科学的价值理想与社会发展现实之间并没有不可逾越的鸿沟。凝聚共识在当代的倡导,同样应该坚定"自由人联合体"的价值理想。

坚定"自由人联合体"的价值理想,凝聚共识首先需要提倡个体生活与共同体生活之间的平衡。马克思研究自由人联合体的出发点首先是现实生活中的个体,是现实生活中鲜活的个人。基于资本主义时代剥削性生产关系、流程性分工等条件压抑个人发展的现实,马克思才在深刻

---

① 于沛.生产力革命和交往革命:历史向世界历史的转变——马克思的世界历史理论与交往理论研究[J].北方论丛,2009(3):77-84.

批判的基础上对个人如何自我实现进行了畅想。马克思指出,真正的共同体生活是"存在和本质、对象化和自我确证、自由和必然、个体和类之间的斗争的真正解决"①。人类文明发展史是个体与共同体之间矛盾不断调和以致最终统一的过程。物质生活尚不丰裕的时代,人类需要结群以满足各种生存需要,对共同体的生活价值始终有着足够重视。随着生产力的日益进步,人类在整体上开始追求更高层次的共同体生活。在当代社会,生产的世界化、资源分配的全球化,使得人类在物质供应方面的关联更加紧密。而个人价值的不断强调,产业的精细化、分工的专业化,又使得人类在精神层面出现"原子化"趋向。其实,马克思早在资本主义发展前期就批判了工业发展导致的原子化社会现象,强调"人的本质不是单个人所固有的抽象物,在其现实性上,它是一切社会关系的总和"②。时至今日,马克思关于人的本质的论述依然有着深刻的现实意义。一言以蔽之,凝聚共识在当代的倡导致力于让人类重拾共同体生活的内在旨趣,以实现观照人类生存境遇的当代崇高使命。

坚定"自由人联合体"的价值理想,凝聚共识还应关注人类共同精神家园的建构。建构精神家园,就是要寻找当代人类安身立命的精神寄托。马克思曾指出,"有意识的生命活动把人同动物的生命活动直接区别开来"③。精神家园尽管属于人类意识的自我体察与构建,但并不神秘莫测,它与人类的实践进展息息相关。依此看来,"自由人联合体"的价值理想依然具有现实意义。人类在发展前行与文明演进过程中,见证过血缘共同体、民族共同体、宗教共同体、政治共同体,而共同体的最高层级——自由人联合体的迈进则依然前路漫漫,仍需不断努力,但绝"不能因现实复杂而放弃梦想,不能因理想遥远而放弃追求"④。人类命运共同体的提出与实践,则不断证明着自由人联合体的伟大前瞻性意义。

---

① 马克思,恩格斯.马克思恩格斯文集(第1卷)[M].北京:人民出版社,2009:185.
② 马克思,恩格斯.马克思恩格斯文集(第1卷)[M].北京:人民出版社,2009:501.
③ 马克思,恩格斯.马克思恩格斯文集(第1卷)[M].北京:人民出版社,2009:162.
④ 习近平.决胜全面建成小康社会 夺取新时代中国特色社会主义伟大胜利——在中国共产党第十九次全国代表大会上的报告[N].人民日报,2017-10-28(01).

建设人类当代的共同精神家园,实质是求得人类在关于发展问题的时代精神共识。诚然,当代人类共同体的基本格局是民族共同体所汇聚而成的共同体集合,各个民族也在长期的历史发展过程中形成了各具特色的民族文明。但建立人类共同精神家园并非将人类思想整合成同质化的单调,恰恰相反,其强调和而不同。人类社会的发展从来都是在不同文明的交流融合中实现的。憧憬发展繁荣、向往文明进步无疑是各个民族的共同愿望。因此,当代的全球各个民族应在相互尊重的前提下达成发展的价值共识,为了人类共同精神家园的构建而共同努力。

第四章　凝聚共识的中国逻辑

以共同价值凝聚共识不仅是马克思主义时代化的理论创新,还是马克思主义中国化的理论创新,是"马克思主义中国化内在价值的人类性推展"①。凝聚共识由中国提出并加以倡导的背后蕴含着深刻的实践逻辑。中国之所以能够在新时代提出并倡导凝聚共识,是基于当代中国发展的世界意义及中国对自身发展实践的科学总结与价值表达,深刻阐释出中国发展与人类社会进步的内在价值统一。

一、中国共产党的现代化价值追求

近代以来,从贫困积弱的困局走向现代化强国,始终是中国共产党与中国人民的美好夙愿。复杂的中国近代社会现实,决定了只能由中国共产党领导中国人民通过社会革命实现民族独立的现代化基本前提。而社会主要矛盾的理论提炼与不断化解,是中国取得巨大现代化成就的基本经验。在领导社会革命的进程中不断推进社会主义现代化以满足人民对美好生活的价值向往,中国共产党需要继续奉行人民利益至上的价值导向,科学判定时代主题,勇于并善于进行自我革命。

(一)中国社会革命的现代化审视

鸦片战争爆发前夕,封建制度的极端腐朽、国家内外政策的严重失

---

① 刘进田.论人类命运共同体的价值主体结构、哲学建构方法及其意义[J].观察与思考,2017(11):24-37.

当已经导致当时中国的积贫积弱。而通过发动以两次鸦片战争为代表的多次侵略战争,西方列强更是逼迫中国签订了名目繁多的不平等条约。国家贫弱与外部力量的入侵,给近代史进程中的中国广大民众带来了多重苦难,他们既要面对封建统治者维持腐朽制度的剥削,还要忍受帝国主义攫取特权的压迫,也没能逃脱官僚资本主义支持享乐的盘剥。从此直到新中国成立,中国人民始终不断探寻并尝试着让国家走上现代化道路,希冀在中华大地建立起全新的现代化社会。尽管不同阶级尝试了洋务运动、辛亥革命等模仿西方现代化模式的多种举措,但因为缺乏社会革命的领导力量和科学革命纲领,它们最终都难逃失败之厄运。

关于何为真正意义的社会革命,科学社会主义的主要创始人有过经典性表述,即"任何一个真正革命都是社会革命,因为它使新阶级占统治地位并且让它有可能按照自己的面貌来改造社会"①。可见,社会革命的进行与延续以代表生产力发展趋势的"新阶级占统治地位"为前提性条件。

中国社会革命进程的开启,涉及的人口数量庞大,矛盾繁多交织,是一项极为复杂的系统工程,需要能够真正代表人民利益的特定领导力量。而共产主义性质的政党即中国共产党则是此项系统工程的领导力量。按照马克思主义的观点,政党是代表特定阶级利益的政治组织。柏克也从功能的角度对政党进行了定义,他指出政党是"在某种一致同意的特定原则下的基础上结合起来,用他们的共同努力来促进国家利益的人们的团体"②。中国共产党正是唯一能领导中国人民走上现代化道路,实现美好生活向往的社会革命领导力量。

怎样将中国人民从深重的苦难中解放出来,走上现代化发展道路从而建立起现代性的国家,始终是中国共产党所思考的主要问题。为此,中国共产党根据当时中国的国情制定了现实性的社会革命目标。1922

---

① 马克思,恩格斯. 马克思恩格斯全集(第18卷)[M].北京:人民出版社,1964:614.

② Edmund Burke: Thoughts on the cause of the present Discontents(1770)[C]//Paul Langford(ed). The Writings and Speeches of Edmund Burke[M]. Oxford: Clarendon Press,1981: 317.

年召开的党的二大,制定了党的最低革命纲领,指出党要通过打倒军阀、推翻帝国主义的社会革命举措实现"国内和平"、"中华民族完全独立"与"统一中国为真正的民主共和国"的阶段性目标。1948 年,毛泽东强调社会革命在当时的性质即是中国共产党领导的"反对帝国主义、封建主义和官僚资本主义的革命"①。可见近代中国的社会革命,首先是"推翻旧政权"的政治革命,"政治的和哲学的革命必定通向社会革命"②。中国共产党在领导人民完成"破坏旧社会"的革命之后才能实现"新阶级占统治地位"的目标,才能继续领导人民完成建设社会主义现代化社会的使命。

需要指出的是,革命战争年代的社会革命总是伴随着激烈的政治斗争、残酷的武装对抗与冲突。再加上打着"革命"名号所发生的种种历史悲剧,如法国大革命进程中雅各宾派专政时期实行的恐怖统治、中国 20 世纪六七十年代的"文化大革命"。社会革命也因此被部分人认定为是极端化的暴力行为,他们甚至认为社会革命弊大于利,这也是 20 世纪末流行于中国的"告别革命论"所持的基本论点。特别是在远离革命战争年代的 21 世纪,人们越来越容易将社会革命与阶级斗争、暴力革命简单等同起来,从而曲解社会革命的内涵、窄化社会革命的外延。

根据科学社会主义的主要创始人关于社会革命的阐述,社会革命不仅是狭义的政治革命,它还包括了人民按照自身意愿改造社会的社会建设展开过程。由此观之,社会革命具有除旧布新的辩证统一性,具有漫长的历史进程性。中国的社会革命,从中国共产党成立之日就已经开始,最终目标是建立起完全意义的共产主义社会。而在共产主义社会到来之前,中国的社会革命在不同历史时期往往有着区别化的工作侧重。新中国成立后,虽然不再进行诸如政治革命等暴风骤雨类的行动,但社会主义事业的建设本质上仍然是社会革命的持续。新中国成立初期的抗美援朝、土地改革和镇压反革命,由中国共产党领导的对农业、手工业

---

① 毛泽东.毛泽东选集(第 4 卷)[M].北京:人民出版社,1991:1317.
② 马克思,恩格斯.马克思恩格斯文集(第 1 卷)[M].北京:人民出版社,2009:87.

和资本主义工商业的社会主义改造，社会主义新时期的改革开放等，无一不是当代中国现代化进程中具有伟大意义的社会革命。

作为科学社会主义的主要创始人，马克思不仅仅是伟大的哲学家、伟大的经济学家、伟大的历史学家，他甚至还在数学领域有所建树，但总而言之马克思“首先是一个革命家”①。以马克思主义为思想指导的中国共产党，其性质首先则是社会革命党。早在 1921 年中国共产党成立之时，党的一大通过的《中国共产党纲领》就规定：“社会革命为我党的首要政策。”2017 年，党的十九大表决通过的《中国共产党章程》进一步明确强调，中国共产党要“继承革命文化”。近百年来中国共产党成立发展壮大的历程也在不断证明，革命已经作为文化基因嵌入中国共产党的成长机理。迈向社会主义现代化强国的征程中，社会革命的继续需要党铭记初心，在新的时代条件下继续聚焦社会主义建设，不断提高领导和执政的国家治理能力。

社会革命是从量变到阶段性质变再到深层次质变的总体性社会发展过程。真正的社会革命，既以人民群众的利益实现为根本性的价值追求，同样也离不开人民群众的深度参与。所谓的“告别革命论”，缺少的正是审视社会革命的现代化视角，它对社会革命在中国现代化进程中推动社会生活变迁的进步性作用严重估计不足。中国共产党非但不是“告别革命论”者，反而是社会革命的坚定信仰与忠实践行者，“新时代中国特色社会主义是我们党领导人民进行伟大社会革命的成果，也是我们党领导人民进行伟大社会革命的继续”②。可以说，正是社会主义革命的持续推进，才使中国发生了从站起来到富起来再到强起来的巨大历史跃迁，一个现代性充盈的中国如今已经矗立在世界的东方。中国共产党作为当今世界最大的现代化政党，需要领导人民推动社会革命的继续行进，在化解社会主要矛盾的过程中不断实现人民群众所向往的幸福生活。

---

① 马克思，恩格斯. 马克思恩格斯文集(第 3 卷)[M]. 北京：人民出版社，2009：602.

② 习近平. 以时不我待只争朝夕的精神投入工作　开创新时代中国特色社会主义事业新局面[N]. 人民日报，2018-1-6(01).

（二）社会主要矛盾的理论提炼与不断化解

人类社会的发展进步，主要通过解决基本矛盾的方式进行。推动社会现实发展的过程中，生产力的表现往往更为活跃，多数时候生产关系并不会跟随生产力的变化即刻发生变更，即生产关系变更较生产力变革有着一定的滞后性。特别是滞后生产关系的代言人成为社会进步的顽固阻碍时，往往会引发较为激烈的政治革命。生产力与生产关系的相互作用，由此构成了人类文明前行中的最基本矛盾。正是在马克思主义的理论叙事中，人类社会基本矛盾的作用原理可以通过理论抽象得到客观描述。当然，并不是说马克思主义诞生之前的人民对于人类社会的基本矛盾一无所知，而是说在科学社会主义创立之后，人类可以在其指导下更加自觉地利用基本矛盾的作用原理不断地推动人类社会的发展进步。

基本矛盾在不同时代的各个国家，往往会以更加具体、也更为生动的形式表现出来，即每个国家在特定时期都面临着多种多样的社会矛盾。社会本身就是一个矛盾集合体，但众多矛盾之中往往有居于主要地位的矛盾。各个国家的进步，通过解决主要矛盾的方式进行。从理论上讲，社会主要矛盾是客观性的存在。但是，知晓社会主要矛盾的存在并不等于其会以理论化的形式自动加以呈现，社会主要矛盾的认识需要科学化的理性分析与理论提炼。社会主要矛盾的认识与判定，是一项涉及多个方面的复杂工程，需要根据经济社会发展的客观水平、国际国内环境等多种因素进行综合性的评判。换言之，社会主要矛盾要想被人民科学地认识，总是需要有时代担当的群体加以提炼并通过理论表述的形式加以阐发宣传。当社会主要矛盾得到客观准确认识的时候，社会发展往往处于较为顺利的状态。一旦对社会主要矛盾的认识出了偏差，社会发展往往会陷入曲折境地。

在当代，中国社会革命的成功推进与现代化成绩的取得，主要在不断认识并化解社会主要矛盾的历史过程中达成。社会主要矛盾的解决并非一朝一夕之功，而是逐渐的量变到质变的累积演进过程。当旧的主要社会矛盾得到解决之后,社会发展进入新的阶段,新的更加高级的主要社会矛盾又会涌现。中国共产党人就是科学地认识近代以来中国社会的矛盾,并且领导人民不断地解决主要社会矛盾,从而推动了近代以来中华民族的发展进步。近代中国积贫积弱困境的走出,当代中国的复兴之路的坚定前行,都是中国人民在中国共产党的领导下进行的。

早在新民主主义革命时期,毛泽东同志就指出:"帝国主义和中华民族的矛盾,封建主义和人民大众的矛盾,这些就是近代中国社会的主要的矛盾。"①1956 年,党的八大指出:"我们国内的主要矛盾,已经是人民对于建立先进的工业国的要求同落后的农业国的现实之间的矛盾,已经是人民对于经济文化迅速发展的需要同当前经济文化不能满足人民需要的状况之间的矛盾。"并进一步解释到,"这一矛盾的实质,在我国社会主义制度已经建立的情况下,也就是先进的社会主义制度同落后的社会生产力之间的矛盾"。1981 年,党的十一届六中全会通过《关于建国以来党的若干历史问题的决议》,把我国社会主要矛盾阐述为:"在社会主义改造基本完成以后,我国所要解决的主要矛盾,是人民日益增长的物质文化需要同落后的社会生产之间的矛盾。"②2017 年,党的十九大报告明确指出:"中国特色社会主义进入新时代,我国社会主要矛盾已经转化为人民日益增长的美好生活需要和不平衡不充分的发展之间的矛盾。"③

认识社会主要矛盾的过程,也是中国社会不断凝聚共识的过程。在长期的发展过程中,中国已经建立起良好的"政界—专业技术界"信息交互系统,特别是诸如认识社会主要矛盾等重大的发展议题,离不开各领域专家学者的广泛参与。党和政府规范化的决策咨询,各领域专家通过系统内部课题、专门委托课题、专题调研等形式的建言献策,既有利于社

---

① 毛泽东.毛泽东选集(第 2 卷)[M].北京:人民出版社,1991:631.

② 关于建国以来党的若干历史问题的决议[EB/OL][2021-12-28].http://cpc.people.com.cn/GB/64162/64168/64563/65374/4526448.html.

③ 习近平.决胜全面建成小康社会 夺取新时代中国特色社会主义伟大胜利——在中国共产党第十九次全国代表大会上的报告[N].人民日报,2017-10-28(01).

会主要矛盾的充分讨论,也有利于相关方广泛吸纳意见,从而建立起良性的信息交流生态。一旦党内就社会主要矛盾达成共识,会通过中国共产党全国代表大会或者中央委员会全会以规范化语言的形式做出正式表述,并根据当时的社会主要矛盾确定党和国家的中心工作。比如,中央政府制定《中华人民共和国国民经济和社会发展五年规划纲要》就是根据社会主要矛盾的认识与化解程度对国家发展工作进行的动态调整。总之,在科学认识社会主要矛盾的基础上,通过凝聚共识的方式形成社会发展的合力,才能达到化解社会主要矛盾的发展目标。

不容否认,我国在社会主要矛盾的认识过程中也曾有过深刻历史教训。而社会主要矛盾的判断失误,直接给中华民族的发展带来了灾难。1962年党的八届十中全会提出:"无产阶级同资产阶级的矛盾为整个社会主义历史阶段的主要矛盾。要以阶级斗争为纲,阶级斗争必须年年讲,月月讲,天天讲。"①正是对社会主要矛盾判断的失误,导致了我国在重要发展阶段出现了"文化大革命"这样的灾难。在社会主义中国,当无产阶级政党取得政治革命的胜利并掌握了国家政权之后,国家的主要精力应当放在发展生产力以提高人民的物质文化生活水平上。

社会主要矛盾理论提炼的经验教训充分说明,在认识和判断社会主要矛盾的过程中,往往会受到多种国内外多重因素的综合性影响。正确地判定社会主要矛盾,不仅需要了解本国发展的基本阶段与国情,还需要洞悉人类社会发展的基本规律,并在把握基本规律的基础上结合国家时代发展的具体特征做出正确判断。

(三)不断满足人民对美好生活的价值向往

中国社会的阶段性主要矛盾之所以能够得到不断的认知与化解,正是得益于中国共产党的科学领导。展望未来,新时代的社会革命需要继续通过化解社会主要矛盾的方式进行以满足人民对美好生活的价值向

---

① 中共中央文献研究室编.建国以来重要文献选编(15)[M].北京:中央文献出版社,1997:648.

往,而中国共产党则必须一以贯之地奉行人民利益至上的价值导向、科学判定时代主题、勇于并善于推进自我革命。

1. 奉行人民利益至上的价值导向

人民本身就是一个价值色彩鲜明的概念,是对臣民概念的彻底反拨。在标榜君权神授的时代,统治权力的合法性是天然的,是不证自明的。由于封建集团在事实上作为统治的主体,占据人口多数的人民群众处于无权或少权的状态,只能作为依附者而存在。启蒙运动时期,通过历史性的反思,思想家们重新思考并讨论统治者与人民之间的关系。其中,卢梭对政治权力做出了系统化的诠释,指出人民才是最高的权力主体,并构建了系统的人民主权论。其要义在于,人民是整体性、独立性的存在,拥有最高权力。马克思受到卢梭思想的直接影响,创立了人民主体论为重要内容的唯物史观,指出"历史活动是群众的活动"[1],人民是人类历史的构建者与见证者。

当代中国,人民无疑是指对建设中国特色社会主义起正面积极作用的人。中国共产党自成立之日起就高度重视人民的利益。在马克思主义中国化的代表性成果中,人民利益至上更是鲜明的价值导向。毛泽东强调:"人民,只有人民,才是创造世界历史的动力。"[2]邓小平指出:"我们党提出的各项重大任务,没有一项不是依靠广大人民的艰苦努力来完成的。"[3]中国共产党要始终代表中国最广大人民的根本利益则是"三个代表"重要思想的基本内容之一。科学发展观的核心即是以人为本,而以人为本的发展观是科学发展观的基本内容之一。习近平更是多次在重要讲话中强调中国的发展要以人民为中心,指出包括中国共产党人在内的所有国家公职人员"始终要把人民放在心中最高的位置,始终全心全意为人民服务,始终为人民利益和幸福而努力工作"[4]。

---

[1]　马克思,恩格斯.马克思恩格斯文集(第1卷)[M].北京:人民出版社,2009:287.
[2]　毛泽东.毛泽东选集(第3卷)[M].北京:人民出版社,1991:1031.
[3]　邓小平.邓小平文选(第3卷)[M].北京:人民出版社,1993:4.
[4]　习近平.在第十三届全国人民代表大会第一次会议上的讲话[N].人民日报,2018-3-21(02).

坚持人民利益至上,需要充分尊重人民群众的历史主体地位。历史由人民创造,表现为推动历史发展的物质财富与精神财富由人民创造。因此社会发展的成果也应由人民所享有,即"共享"应成为社会主义中国所坚持的基本理念之一。人民不仅是历史的创造者,同样是历史的评判者,是中国共产党执政权力的赋予者。和平发展时期,人民的力量大多时候不如革命战争时期可以被直观感知,物质条件的丰裕及办公条件的优越让个别党员产生了可以脱离人民的错觉,一些党员干部甚至将自己视为居于人民之上的特权者,将党和人民对立起来。历史唯物主义的理论告诉我们,中国革命建设的实践也早已证明,人民是中国共产党的力量之源,为人民利益而奋斗是中国共产党的神圣使命。

2.科学判定时代主题

中国共产党能否正确地认识时代主题,直接影响着中国社会的发展境况。近代中国所处的历史时代,是资本主义发展壮大并向世界迅速扩张其势力范围的时代,世界的时代主题是战争与革命。此时,资本主义列强之间的战争,落后地区国家和人民反抗资本主义列强压迫的斗争相互交织。在此种时代背景之下,落后的中国一直遭受着帝国主义的欺凌。部分国人没有准确地认识到这一时期的时代主题,因而对帝国主义势力抱有不切实际的幻想,试图依附于国外势力以让中国摆脱积贫积弱的局面。实践证明,中国要实现真正发展,中华民族要复兴盛世时期的民族地位,必须首先推翻帝国主义的压迫而取得民族独立。

新中国成立之后,中国面临资本主义国家的围追堵截,发展受到严重限制,而同苏联关系的恶化,更是干扰了中国对世界时代主题的判断。党的十一届三中全会之后,邓小平认为世界大战的爆发可能得到避免,并适时地提出"和平与发展是当代世界两大问题"[①]的重大判断。此后,该时代判断进一步在党的十三大报告中被表述为"和平和发展两大主

---

① 邓小平.邓小平文选(第 3 卷)[M].北京:人民出版社,1993:104.

题"①,即后来所说的"和平与发展是当今时代的两大主题"。在世界总体和平安定可以得到维护的情况下,中国共产党统筹国内、国际两个大局,既聚焦国内发展,又积极开展同相关国家的合作。

21世纪以来,全球发展呈现扁平化趋势,世界之间"命运与共"的联系更加明显。尽管经济全球化的发展在世界范围内遇到了新的挑战,"黑天鹅"事件似乎让世界充满不确定性,但求和平、促发展仍是当今世界的鲜明时代主题。在新的时代条件下,积极宣扬阐释共同价值,共同推动构建人类命运共同体,必然是造福全人类的宏大伟业。

3.勇于并善于推进自我革命

全面从严治党,是党的自我革命,是党在深刻体悟与驾驭政党建设规律前提下的自我管理的现实举措。党的十八届六中全会强调,办好中国的事情,关键在党,关键在党要管党、从严治党。不断推进党的自我革命,才能成功建设一支长期引领中国各项事业的领导核心。"历史是最好的教科书。"②建党初期,虽然面临着扩大群众基础、自我壮大的迫切任务,但党在严格组织成员准入方面却没有丝毫松弛,毛泽东强调:"入党是有条件的"③,要符合党章规定且支部大会表决通过方能入党,并经由古田会议确立了思想建党的核心原则。此后,在这一原则的指导下,党先后开展延安整风、"三反""五反"等治党运动,有效确保了党的先进性与纯洁性。改革开放以来,邓小平注重从制度层面推进从严治党。他曾用"中国要出问题,还是出在共产党内部"④的警示指出从严治党的必要性,并进一步提出:"领导制度、组织制度问题更带有根本性、全局性、稳定性和长期性。"⑤党内法规《关于党内政治生活的若干准则》的出台即是这一时期制度治党的代表性成果。此后,随着时代条件的变化,从

① 沿着有中国特色的社会主义道路前进[EB/OL](2011-9-6)[2021-12-28]. http:cpc. people. com. cn/GB/64162/64168/64566/65447/4526368. html.

② 习近平.习近平谈治国理政[M].北京:外文出版社,2014:405.

③ 毛泽东.毛泽东文集(第3卷)[M].北京:人民出版社,1996:385.

④ 邓小平.邓小平文选(第3卷)[M].北京:人民出版社,1993:380.

⑤ 邓小平.邓小平文选(第2卷)[M].北京:人民出版社,1994:333.

严治党不断取得新进展,"三个代表"为从严治党奠定重要思想基础,科学发展观为从严治党贡献科学方法。习近平在全面总结与承继治党经验的基础上,形成了一系列关于新时代管党治党工作的科学认识。

华夏文明曾长期在世界文明中居于引领地位。纵观中国古代,政治生态相对清明是助力开元盛世、康乾盛世景象出现的重要原因;而由于统治阶层缺乏自律、骄奢淫逸致使王朝覆灭的历史事件更是屡见不鲜。"君,舟也;人,水也,水能载舟,亦能覆舟"(《贞观政要·论政体》)是古代社会历史周期率内在动因的真实写照。虽然古代统治阶层与当代中国共产党人不可同日而语,但其在历史更替中的兴衰荣辱对今日中国不无启示:即坚持中国共产党治理现代化不放松,时刻保持党同人民群众的血肉联系,牢记捍卫人民群众利益的建党初心。至近代,国民党因不能推行从严治党而迅速衰亡的历史事件仍然发人深省。自1927年蒋介石掌握实权之后,国民党即开始采取专制主义的统治策略。当时盛传"蒋家天下陈家党,宋氏姐妹孔家财",国民党内自上至下贪污腐败成风,从严治党更是无从谈起。据统计,"到国民党失败前,四大家族官僚资本掌握了200亿美元的资财"①。此外,国民党党内政治生活极端混乱与畸形,党内派系林立,统治权力争夺之战不断上演。早期的蒋介石、汪精卫、胡汉民之争,后来的蒋介石、李宗仁、白崇禧之斗,其间还混杂着蒋介石同地方派系的较量,可以说权力争斗贯穿于国民党统治的始末。以史为鉴,方能谋略当下:中国共产党治理现代化需抓住领导干部这个关键少数,用好人民赋予的权力并自觉接受监督②,需严肃党内生活,更要旗帜鲜明地反对特权。

1847年,共产主义早期政党组织——共产主义者同盟在伦敦成立。同盟章程对吸收新成员做出严格规定:"生活方式和活动必须符合同盟的目的、具有革命毅力并努力进行宣传工作、承认共产主义、服从同盟的一切决议、保守同盟的一切机密、盟员如果不能遵守这些条件即行开除

---

① 郭贵儒.从繁盛到衰败:大陆时期的中国国民党[M].北京:华文出版社,1999:283.
② 桑建泉,李国泉.论新时代全面从严治党的科学思维[J].中州学刊,2018(1):20-24.

（见第八章）。"①同盟的纲领《共产党宣言》对政党建设也提出了指导性意见，指出："共产党人为工人阶级的最近的目的和利益而斗争，但是他们在当前的运动中同时代表运动的未来。"②虽然存在时间极为短暂，但是共产主义者同盟却对从严治党做出了最早的探索，对后来各国社会主义政党的建设影响深远。此后，历经第一国际、第二国际，俄国的布尔什维克党（即后来的苏联共产党）在十月革命后逐渐掌握了国家政权并使得苏联成为当时世界社会主义运动的中心。在领导苏联社会主义建设的过程中，列宁始终对从严治党高度重视。他提出："有必要成立一个同中央委员会平行的监察委员会，由受党的培养最多、最有经验、最大公无私并最能严格执行党的监督的同志组成。"③随后，苏共九大正式设立中央监察委员会。他还指出："必须把欺骗分子、官僚化分子、不忠诚分子和不坚定的共产党员清除出党。"④仅仅 70 余年之后的 1991 年 8 月，时任苏共总书记戈尔巴乔夫宣布苏共中央"自行解散"，同年 12 月苏联宣告解体。此后，学界对苏联解体的原因众说纷纭，争议颇大。截至目前，关于苏联解体原因的答案似乎找出了十几甚至二十几种，但核心观点主要是两种，即"斯大林体制的弊端说"以及"苏联领导人错误说"⑤。两个观点无不涉及一个共同因素：苏共没有从严治党，更没有中共治理现代化。苏共垮台前不久，有关调查显示：85％的人认为苏共主要代表官僚、干部、机关工作人员的利益。⑥ 正是在治党方面的松松垮垮，直接导致苏共垮台、苏联解体。时过境迁，各种历史镜鉴仍历历在目，社会主义在中国"能不能继续坚持，继续发展，关键在党的自身建设"⑦，关键在中国

---

① 参见王学东.国际共产主义运动历史文献（第 2 卷）[M].北京:中央编译出版社,2011:209
-210.

② 马克思,恩格斯.马克思恩格斯选集（第 1 卷）[M].北京:人民出版社,2012:434.

③ 列宁.列宁专题文集（论无产阶级政党）[M].北京:人民出版社,2009:276.

④ 列宁.列宁专题文集（论无产阶级政党）[M].北京:人民出版社,2009:322.

⑤ 吴家庆,肖玉方.国内学界苏联解体研究述评[J].湖南师范大学社会科学学报,2015(5):
67-75.

⑥ 李慎明.居安思危——苏共亡党二十年的思考[M].北京:社会科学文献出版社,2011:
302.

⑦ 王伟光.党的建设研究[M].北京:社会科学文献出版社,2012:61.

共产党在治党方面能不能坚持全面从严。

二、中国共产党开放发展的价值抉择

近代以来,帝国主义用武力强迫中国打开了国门,打碎了封建帝国的"天朝上国"之梦。在民族历经磨难之后,开放发展成为中国共产党和当代中国的价值抉择。开放发展的历程历经探索与逐渐确立的过程,改革开放前与改革开放后共同构成了当代中国开放发展中的有机组成部分。进入新时代,中国共产党将"开放"明确为五大发展理念之一,更加注重探索高水平对外开放机制的建设与进出口的结构性平衡。中国共产党在领导中国人民进行开放发展的过程中,积累了宝贵经验,即开放发展应以国家的独立自主为基本前提,开放发展应在国家发展的全局中居于关键地位,开放发展应在对内改革与对外开放的有机统一中推动。

(一)当代中国开放发展模式的探索与确立

开放发展是当代中国能够取得举世成就的关键举措之一。如今,坚持对外开放已经成为当代中国发展的基本国策。然而,自 1949 年中华民族取得独立以来,中国开放发展的历程并非一帆风顺,其历经了探索与逐渐确立的历史过程。改革开放之前与改革开放之后的两个时期构成了当代中国开放发展中的有机组成部分,既"不能用改革开放后的历史时期否定改革开放前的历史时期,也不能用改革开放前的历史时期否定改革开放后的历史时期"[①]。

从新中国成立到党的十一届三中全会,尽管不是完全意义上的开放发展,但正如有学者所强调指出的,"将改革开放前 30 年视为顽固的闭关锁国,从而错失对外开放良机"[②]的观点同样不符合基本历史事实。实际上,新中国成立后中国共产党对开放发展的探索从未止步,从新中

① 习近平. 习近平谈治国理政[M]. 北京:外文出版社,2014:23.
② 刘书林. 从反封锁到构建人类命运共同体——新中国对外开放战略的历史演进[J]. 理论与评论,2018(4):5-19.

国成立后到改革开放之前正是中国开放发展过程中的探索时期。

鸦片战争以来的近代,中国的发展始终受到帝国主义势力的强势操控,无法自主选择适合自身的发展模式。附庸于西方体系的被动式开放,不可能实现中华民族的真正发展。毛泽东早在 1938 年就高瞻远瞩地指出:"中国不是孤立也不能孤立,中国与世界紧密联系的事实,也是我们的立脚点,而且必须成为我们的立脚点。"①因此,中华民族赢得独立地位之后的首要工作就是为国家发展奠定自主性制度基础。根据当时的国内外客观形势,中国共产党在新中国成立初期制定了"另起炉灶""打扫干净屋子再请客"和"一边倒"的针对性对外交往政策。通过三项政策的具体施行,新中国摒弃了旧中国所建立的各种不平等外交关系、取消了帝国主义在华攫取的一切不合法特权、坚定地加入以苏联为首的社会主义阵营,从而奠定了国家自主选择发展模式的基础。

20 世纪 50 年代的中国,探索着打破西方封锁的开放发展。1949 年10 月 1 日新中国成立之日,资本主义同社会主义之间的冷战已经开始。作为社会主义阵营重要力量的中国自然被西方所敌视和封锁,中国探索开放发展的主要面向是社会主义阵营内部。通过学习苏联的社会主义建设经验,并积极从苏联引进先进科技与工业设备,中国的国民经济得到恢复和一定发展。正如有论者所指出的,"在整个 50 年代,中国是'半面融入'体系,即参加了苏联主导的社会主义世界体系,而被挡在西方世界体系之外"②。需要指出的是,此时的全球市场被分割成两个平行体系,社会主义国家形成的整体市场体系主要是各国民族经济体的加总,作为有机联系的社会主义市场经济的发展并不成熟。在此阶段,中国共产党还提出了"和平共处五项原则",该原则不仅体现出中国关于各国如何相处的主张,后来更是成为国家之间交往的重要行为规范。中国共产党还表明了中国"愿意和世界上一切国家,包括美国在内,建立友好关

---

① 毛泽东.毛泽东外交文选[M].北京:中央文献出版社、世界知识出版社,1994:16.
② 陈翔.负责任大国:中国的新身份定位[J].世界经济与政治论坛,2016(6):33-50.

系"①的开放态度。20世纪60年代,中国共产党探索着反对霸权主义的开放发展。中苏两党在斯大林评价、国际共运等问题的相左态度最终导致两国关系的恶化,而美国对中国的霸权主义政策在这一阶段也没有改观。为了争取更加有利的国际环境,中国共产党提出了"两个中间地带"理论,扩大中国同美苏之外更多亚非拉国家的合作交往。20世纪70年代,中国共产党探索着同西方关系缓和背景下的开放发展。1971年,中国在联合国长期被占据的席位得到合法恢复。另外,中国共产党还提出"三个世界"理论,明确了中国第三世界的发展中国家定位。这一时期中国同西方关系逐渐得到缓和,尤其是在"乒乓外交"的推动下,中美之间的关系逐渐正常化。总体上看,改革开放之前的中国共产党虽然对开放发展进行了努力探索,但囿于客观的国际形势和中国50年代后期开始的国内政策,改革开放之前的中国发展是局部性质的开放。正如邓小平所指出的,"从一九五七年下半年开始,我们就犯了'左'的错误"。② 但不容否认的是,新中国成立之后中国共产党对开放发展的探索为全面性质的开放发展积累了宝贵经验并为之奠定了重要基础。

持续10年的"文革"酿成了中华民族历史上的"一场灾难,经济方面完全乱了"③,也进一步拉大了中国同发达国家的发展差距。通过发展经验的全面总结和历史教训的深刻反思,以党的十一届三中全会的召开为标志,中国共产党逐步确立了国家全面对外开放的发展模式。关于20世纪后期乃至更长一段时间内世界的发展趋势,邓小平有两个基本判断,一是"现在的世界是开放的世界"④,二是就世界各个国家的相处状态而言"争取比较长期的和平是可能的"⑤。邓小平在回顾党的十一届三中全会做出开放发展的伟大抉择时毫不讳言地指出,中国的"开放是对世界所有国家开放,对各种类型的国家开放"⑥。在党和国家的工

①　中共中央党史研究室.中国共产党历史(第2卷上)[M].北京:中共党史出版社,2010:400.
②　邓小平.邓小平文选(第3卷)[M].北京:人民出版社,1993:269.
③　邓小平.邓小平文选(第2卷)[M].北京:人民出版社,1994:314.
④　邓小平.邓小平文选(第3卷)[M].北京:人民出版社,1993:64.
⑤　邓小平.邓小平文选(第3卷)[M].北京:人民出版社,1993:233.
⑥　邓小平.邓小平文选(第3卷)[M].北京:人民出版社,1993:237.

作重心转移到社会主义现代化建设的大背景之下,开放发展的模式在中国得到进一步确立。与时俱进的价值理念让中国赢得了有利发展机遇,在开放发展中同更多国家的接触使得中国见证了先进国家的发展水平,也让中国可以不断地吸收国外资金、学习世界先进技术。开放发展的模式确立之后,中国步入发展快车道,经济实力和综合国力实现了迅速增长。

以开放发展为价值导向,中国逐步构建起相应的实践格局。早在1979年4月,邓小平就提出创建"出口特区"的设想,随后成立的深圳"经济特区"正是"出口特区"的升级版。经济特区在关税减免、投资环境营造等方面优势巨大,是拉动区域经济乃至促进国家经济发展的重要动力。截至目前,中国已经在深圳、珠海、厦门、汕头、海南、喀什、霍尔果斯等7个地方设立了经济特区。以经济特区的设立为标志,中国开始构建全方位的开放格局。从1984年开始,随着沿海开放城市、沿海经济开放带、长江开放带、边疆及内陆城市开放带等的相继实施,中国在开放发展方面形成了沿海、沿江、沿边、内陆的联动式开放格局。与此同时,中国经济与世界经济的融合程度也日益加深。1980年,中国先后恢复了自身在国际货币基金组织以及世界银行的合法席位。到2001年底中国正式成为WTO的会员国,逐渐融入经济全球化的时代发展潮流。

"党的十一届三中全会以来我国改革开放的成就充分证明,对外开放是推动我国经济社会发展的重要动力"[1],实践证明了中国开放发展模式的正确性。因此,确立开放发展为制度性的长远方案越来越成为全党和全国人民的价值性共识。1982年,邓小平在党的十二大召开之际向世界庄严宣告,中国"坚定不移地实行对外开放政策"[2]。党的十二届三中全会通过的《中共中央关于经济体制改革的决定》指出,对外开放是当代中国发展进程中需要坚持的一项"长期的基本国策"[3]。党的十七

---

① 习近平.习近平谈治国理政(第2卷)[M].北京:外文出版社,2017:504.

② 邓小平.邓小平文选(第3卷)[M].北京:人民出版社,1993:3.

③ 中共中央关于经济体制改革的决定[EB/OL][2021-12-28].http://cpc.people.com.cn/GB/64162/64168/64565/65378/4429522.html.

大通过的《中国共产党章程》，在总纲部分明确指出中国共产党必须"坚持对外开放的基本国策"①。1993 年全国人大通过的《中华人民共和国宪法修正案》，明确强调中国要"坚持改革开放"②。由此，开放发展以载入中国共产党党内根本法规和中国国家根本大法的形式得到正式确立。

(二)进入新时代的中国开放发展

当今时代，世界各国在经济发展方面的特征突出表现为"相通则共进，相闭则各退"③。面对全球经济发展"命运与共"的大局势，中国是固守现有水平的开放，还是继续推进更高水平的开放？习近平指出"中国将在更大范围、更宽领域、更深层次上提高开放型经济水平"④，强调中国不仅将一如既往地秉持开放发展的价值理念，更会在新时代将开放发展推进到更高水平。

进入新时代，中国共产党旗帜鲜明地指出："必须牢固树立创新、协调、绿色、开放、共享的发展理念"⑤，正式"开放"明确为国家"五大发展理念"之一。开放是一种发展理念，是一种鲜明的价值导向。2008 年美国所爆发的次贷危机给世界金融市场带来了严重动荡，全球开放发展的节奏受到一定影响。近年来，贸易保护主义、民粹主义的抬头也在挑战全球开放发展的趋势。面对云谲波诡的世界发展形势，习近平指出中国在新时代面临的"问题不是要不要对外开放，而是如何提高对外开放的质量和发展的内外联动性"⑥，进一步强调了开放在新时代征程中的重要意义。"五大发展理念"并非彼此孤立，它们蕴含的价值具有内在汇通

① 中国共产党章程(十七大部分修改通过)[EB/OL].(2012-09-04)[2021-12-28]. http://guoqing. china. com. cn/2012-09/04/content_26423483. htm.

② 中华人民共和国宪法修正案 1993 年 3 月 29 日第八届全国人民代表大会第一次会议通过[N].人民日报,1993-3-30(04).

③ 习近平.共同维护和发展开放型世界经济——在二十国集团领导人峰会第一阶段会议上关于世界经济形势的发言[N].人民日报,2013-9-6(02).

④ 习近平.习近平谈治国理政[M].北京:外文出版社,2014:114.

⑤ 中共中央关于制定国民经济和社会发展第十三个五年规划的建议[N].人民日报,2015-11-4(01).

⑥ 习近平.习近平谈治国理政(第2卷)[M].北京:外文出版社,2017:199.

性。创新发展意味着中国不能自我封闭，需要在开放发展中同其他国家和民族交换信息，分享经验，获得创新的智慧。协调发展意味着中国需要兼顾国内国际两个大局，在开放发展的大趋势中协调城乡、区域、行业的协调发展。绿色发展意味着中国要注重构建人与自然的生态共同体，在开放发展的过程中与其他国家共同应对全球环境问题。共享发展意味着中国不断践行着社会主义的本质要求，以开放模式促进生产力进步从而更好地实现全社会共同享有发展成果的目标。

进入新时代，中国共产党在国家开放发展中更加注重探索高水平对外开放机制的建设。自由贸易港是目前世界上开放程度最高的区域，香港、新加坡、迪拜和鹿特丹等 4 大自由港在世界贸易格局中占据重要地位。自由贸易区是与自由贸易港功能类似的世界高水平开放地区，2013年 9 月中国开始在上海设立自由贸易试验区，探索更高水平的开放发展。目前，中国已经在上海、广东、天津、福建、辽宁、浙江、河南、湖北、重庆、四川、陕西、海南等多个地区设立自由贸易试验区，并支持上海、海南等地区探索建设自由贸易港。此外，中国还积极同有关国家签订双边或多边自由贸易协定。中国已经同澳大利亚、韩国、瑞士、新西兰、新加坡、东盟等 24 个国家或地区签订了 16 份自由贸易协定。党的十八大以来，中国正在就《区域全面经济伙伴关系协定》、中国—海合会自贸区、中日韩自贸区、中国—巴基斯坦自贸协定第二阶段等加紧谈判。此外，中国还积极同周边地区的蒙古、孟加拉、尼泊尔等国展开自由贸易区谈判。

进入新时代，中国共产党在国家开放发展中更加注重进出口的结构性平衡。随着中国经济发展水平的不断提高，中国的国内市场也相应壮大。而开放的中国国内市场，为世界发展直接提供了巨大市场空间，同时为世界贸易发展做出了巨大贡献。2018 年 11 月，中国成功举办了世界上第一个以进口为主题的大型国家级展会，在国际贸易发展史上具有开创性的意义。作为技术、产品的重要展示平台，进口博览会不仅设置了综合型的国家贸易投资展区，还设置了专门的企业商业展。博览会展品中既有与人民群众生活直接相关的日常消费品，也有智能及高端制造等高科技产品。各国特色优质产品和服务为国内消费者提供了更多选择,以开放发展的形式扩大了供给商品,从而更好地满足了中国人民对高品质生活的需求。据统计,参加进口博览会共有 172 个国家、地区和国际组织的代表,累计意向成交额达到 578.3 亿美元。国家进口博览会成为中国主动开放市场,主动调节进出口贸易平衡的重要举措,"预计未来 15 年,中国进口商品和服务将分别超过 30 万亿美元和 10 万亿美元"[①]。举办国际进口博览会彰显了中国新时代高水平开放的信心和决心,是中国实践共同价值与推动构建人类命运共同体的重要现实举措。

(三)开放发展的中国经验

当代世界是开放的世界,各个国家、民族只有在相互开放的过程中,才能持续地进行信息、文明与发展智慧的交流。开放发展是共同价值的内在要求,其能够推动人类创造出全新的文明高度。当代中国之所以能够不断接近民族复兴的目标,既得益于开放发展模式的科学应用,同时还需继续推动开放发展的伟大实践。

首先,开放发展以国家的独立自主为基本前提。西方国家在世界近代以来的发展过程中较早地开始并完成了工业革命,积累了开放发展的优势,掌控了开放发展的国际规则制定权。一些西方发达国家在后发国家实施开放发展的进程中设置名目繁多的附加条件,致使部分国家甚至在融入世界发展大局的过程中丧失独立自主权。关于中国采取何种方式融入世界开放发展的潮流,邓小平强调"独立自主、自力更生,无论过去、现在和将来,都是我们的立足点"[②]。当今世界格局的基本构成仍然是各个主权国家。主权的独立,意味着本国可以自主选择符合本国现实特点的发展道路,意味着本国在对外相应事务的处理上享有自决权,意味着本国的领土完整得到切实有效的维护。总之,主权获得尊重,国家才能有效地发挥出发展的自主性。国家一旦在主权方面受制于人,往往会在发展道路选择、重大决策制定方面收到多重掣肘,最终也难以实现

---

① 习近平.共建创新包容的开放型世界经济——在首届中国国际进口博览会开幕式上的主旨演讲[N].人民日报,2018-11-6(03).

② 邓小平.邓小平文选(第 3 卷)[M].北京:人民出版社,1993:3.

本国的真正繁荣。

在开放的过程中实现自我发展。在开放进程中,一国可以吸收利用外来资金、外来先进技术,但最关键的是不断将开放过程中获取的各种资源转化成自我的内在发展优势。因此,独立自主的开放发展还意味着清醒认识自身的优势和劣势,结合自身发展水平选择适合自我的开放节奏。中国实行的渐进式开放,减少了开放过程中的既存性风险,为国内相关产业的适应于转变留下了缓冲空间。现如今,中国已经构建起沿海内陆沿边互补的开放性格局,国家开放发展的竞争力也大大提升。中国制造正在积极地向中国创造转型,中国企业也在不断走出国门为全球的开放发展贡献力量。由此可见,发展程度、国家大小等都是影响国家开放承受力的重要因素,一国在开放发展的历史大势中既不能裹足不前,也不能急于求成。

其次,开放发展应居于国家发展全局中的关键地位。近代以前,开放包容的中华民族曾经创造出治世与盛世交相辉映的局面,治世分别有西周时期的文武之治、西汉时期的文景之治、唐朝时期的贞观之治,至于盛世更是有汉武盛世、开元盛世、永乐盛世、康乾盛世。实现中华民族的伟大复兴,本质上就是实现中华民族在繁盛时期的民族地位与民族声望。不过,世界上的长期领先地位也酿造出封建末期统治者们骄傲自闭的心态,明朝时期的"寸板不许下海"、清朝时期的"一口通商"政策,尽管在一定时期内有助于海防管理,却也让中华民族处于相对隔绝封闭的状态。正是近代历史上的闭关锁国,导致中国在世界之林逐渐落伍。居于现代社会,故步自封只能造成封闭落后,与世隔绝也早晚给民族发展带来灾难。

对外开放被明确为当代中国的基本国策,足以可见开放发展处于关乎中华民族强盛的关键地位。中国之所以在发展过程中高度重视开放发展,一方面是对近代历史教训的深刻总结,另一方面则是对世界发展大势的科学洞见。全球化时代开启以来,单个国家不可能在封闭模式中实现民族富强。纵观近代以来大国崛起的历史,共同特点之一就是对开放发展的坚持。当今世界的经济已经表现出深度融合的特征,即便经济发展程度较高的国家,在资源、在劳动力等方面也需要其他国家的支持。开放发展模式是国人谦和发展心态的反映,是对中华民族历史上傲慢自闭心态的一种纠偏。秉持开放发展,意味着承认其他民族和国家可能在发展方式、发展理念具有先进之处,意味着中国可以在开放发展的过程中取长补短。新中国成立尤其是改革开放以来,开放发展不仅让中国实现了自身发展,更让发展的中国为世界繁荣做出重要贡献。人类命运共同体之所以得到越来越多的认可与支持,就在于开放发展是世界发展的大势,开放发展顺应了人类追求美好生活的价值期待。

再次,开放发展应在对内改革与对外开放的有机统一中推动。计划经济便于政府对资源进行宏观控制与总体分配,曾经在中国国民经济的恢复与发展中发挥了重要作用。但过于依赖政府指令的特点又决定了计划经济对市场规律重视不够,导致其在实际运行中效率低下,特别是其在国际经济场域中竞争力较弱。而开放发展的特点决定了中国必须对内改革计划经济,建立起相应的社会主义市场经济体制。但市场经济是否是资本主义的专属呢? 1981 年,党的十一届六中全会提出发展中国经济要"必须在公有制基础上实行计划经济,同时发挥市场调节的辅助作用"①。开放发展深入的过程中难免出现了一些社会性问题,由此关于市场经济姓"资"还是姓"社"的争论也逐渐激烈起来。邓小平在关键时刻提出,判断社会主义与资本主义的标准不在于"计划多一点还是市场多一点"②。1992 年党的十四大正式提出,中国"经济体制改革的目标是建立社会主义市场经济体制"③。党的十八届三中全会更是提出"使市场在资源配置中起决定性作用"④,进一步对社会主义的市场经济体制进行完善。

改革与开放彼此促进,有机统一,"改革必然要求开放,开放也必然

① 关于建国以来党的若干历史问题的决议[EB/OL][2021-12-28]. http://cpc. people. com. cn/GB/64162/64168/64563/65374/4526448. html.
② 邓小平. 邓小平文选(第 3 卷)[M]. 北京:人民出版社,1993:373.
③ 江泽民. 江泽民文选(第 1 卷)[M]. 北京:人民出版社,2006:226.
④ 中共中央关于全面深化改革若干重大问题的决定[N]. 人民日报,2013-11-16(01).

要求改革"①。国家发展的整体大局,有着内与外两个基本面向,内外联动发展才能推动国家的整体进步。对内改革,改革的是不合理的生产关系,培育的是先进的价值理念,需要在对外开放中加深对外部世界的理解。对外开放,融入的是人类开放发展的潮流,需要稳定的国内环境与高效的制度体系。改革开放初期,国人对经济全球化有过怀疑,对加入WTO也曾有过顾虑,当时的西方发达国家是自由市场与经济全球化的摇旗呐喊者。改革开放以来取得的发展成就让中国在经济全球化中的地位发生了巨大变化,现在中国成为经济全球化的强有力支持者,逆全球化的趋势反而在西方发达国家不断抬头。双方态度转变的背后,是中国发现了开放共赢的发展才是人类社会的进步潮流。

总之,随着开放发展的逐渐深入,中国已成为开放世界的重要一极,作为价值理念的开放已成为中国共产党人和国人生活的重要组成。中国共产党是开放发展的坚定支持者,将持续地为世界的有机开放发展注入中国能量。面对逆全球化、极端民粹主义等思潮的挑战,中国对开放发展的坚持和对共同价值的坚守,无论对开放世界的发展,还是对人类命运共同体的构建都显得至关重要。

三、中国共产党责任发展的价值担当

责任发展,意在通过强调以国家责任推动民族国家的发展进步,其本质是一国国内发展价值担当与国际发展价值担当的统一。新中国成立以来,中国共产党不断领导着中国人民用自己的行动践行着责任发展。中国共产党的国家责任,既有推进民族国家发展的内在责任担当,也有推动人类社会进步的国际责任。具体而言,中国共产党践行责任发展的实践首先包括中华民族共同体的整体性发展,即筑牢中华民族命运共同体,维护中华统一命运共同体。其次,中国共产党责任发展的实践

———————
① 习近平.坚持以扩大开放促进深化改革 坚定不移提高开放型经济水平[N].人民日报,2015-9-16(01).

还有不断为世界和平发展事业贡献现实力量,主要包括维护地区整体和平稳定、积极推动南南合作、支持联合国维和行动。

(一)筑牢中华民族命运共同体

中国疆域广大,民族成分多元。由 56 个民族组成的多元一体民族格局,是中华民族共同体的基本构成。自新中国成立以来,中国共产党始终高度重视中华民族命运共同体的平等、团结与协同发展。

民族平等是筑牢中华民族共同体的基石。在封建社会,统治民族是享有种种特权的"贵族",统治民族与被统治民族之间的剥削、压迫关系成为民族平等之间不可逾越的障碍。近代国家主权沦丧之时,曾经在世界上长期处于领先地位的中华民族此时却被视为低人一等的民族,帝国主义侵华时期的"黄祸论""东亚病夫论",本质上都是歧视中华民族的典型论调。在此种情况下,整个中华民族长期处于别有用心论调的贬低舆论中,入侵中国的帝国主义成为居于中华民族之上的特权民族。整个中华民族求平等尚不可得,更遑论中华民族内部各民族之间的平等了。新中国成立之后,压迫中华民族的各种不合理因素被剔除,作为整体的中华民族取得了独立自主,国内各民族之间也实现了真正平等。

从中国各民族的人口数量进行分析,汉族占据人口数量的大多数,是名副其实的"大汉族"。正因为如此,发展过程中少数民族的利益保障成为民族平等需要处理的重点问题。为此,毛泽东强调:"我们着重反对大汉族主义。地方民族主义也要反对,但是那一般地不是重点。"①邓小平也指出,中国在各民族平等相待的同时,"具体政策上更多地照顾少数民族利益"②。实际上,组成中华民族共同体的各民族,无论规模大小、人数多少,均享有平等的政治经济文化等权利。在长期的历史发展过程中,少数民族形成了与汉族不同的生活习惯、交流语言、社会风俗,其特有的民族文化也得到了切实尊重。少数民族多以聚居的方式生活,根据

---

① 毛泽东.毛泽东文集(第 7 卷)[M].北京:人民出版社,1999:33.
② 中共中央文献研究室编.邓小平思想年谱(1975—1997)[M].北京:中央文献出版社,1998:16.

实际在民族聚居地方实行自治不仅符合少数民族的根本利益,同样符合我国社会主义的基本制度。我国先后在少数民族边疆地区设立了内蒙古、新疆、广西、宁夏、西藏民族自治区。此外,在其他省份的民族聚居地区也根据实际情况设立了少数民族自治州、少数民族自治县。通过赋予少数民族群众民族内部事务的处理权,少数民族真正实现了自我治理。

筑牢中华民族共同体关键在于形成民族凝聚力。中华民族历史悠久,曾经创造出辉煌灿烂的文明,民族凝聚力有着厚重的历史情感维系。尽管作为专门词汇的"中华民族"产生于中国近代,但早至秦汉大一统时期,多元一体的中华民族共同体格局就已基本形成。至于共同体文化中的礼仪、典章规制,更可以源溯到商周时期。在命运共同体的巩固成熟过程中,中华民族历经磨难,在困境应对中风雨同舟、守望相助,在文明演进中团结一致、通力合作,共同书写了伟大的共同体文化图景。日益频繁的经济交往活动密切了中华民族内部的利益共通,不断增益的文化共鸣造就了华夏文明的和谐共生。在黄河文明与长江文明的共同哺育下,亿万华夏儿女血脉相通、相互交融,中华民族命运共同体意识得到孕育、发展与稳固。

当代中国的发展成就则是中华民族多元一体凝聚力的现实支撑。习近平指出,"我国 56 个民族都是中华民族大家庭的平等一员,共同构成了你中有我、我中有你、谁也离不开谁的中华民族命运共同体"①。今时今日探求中华民族伟大复兴,民族命运共同体意识可以供给源源不断的精神支撑,而稳定的共同体架构则为民族复兴实现提供空间支持。中华民族共同体的发展是整体性发展,即无论是汉族还是少数民族,均能享受到国家的发展红利。由于历史原因,加上地理位置局限,边疆地区民族地区的发展往往受到种种制约,相对于东中部处于较为落后的状态。为此,中东部地区采取援藏、援疆和支边的具体措施助力民族地区发展。

筑牢中华民族命运共同体,是新时代中国特色社会主义发展的内在

---

① 习近平. 中华民族一家亲 同心共筑中国梦[N]. 人民日报,2015-10-1(01).

要求。民族团结能够塑造稳定的国内环境,也是国家专注于发展的前提性条件。不断增进民族认同,"促进各民族像石榴籽一样紧紧抱在一起"①,才能形成中华民族走向社会主义现代化强国的合力。

(二)维护中华统一命运共同体

主权国家是当今国际体系的基本单位,在相当长的时期内主权国家依然是未来国际社会的基本组成单元。国家统一则是主权二字的核心要义,国家统一意味着民族国家领土的统一性、国家代表权的唯一性、国家处理辖区事务的最高权威性等。特别是一国所享有的主权领土,更是承载国家发展的物质空间基础。正因为如此,维护与实现民族国家的统一,普遍成为当今各个民族国家极为重视的国家核心利益。

在当代,中华统一命运共同体拥有明晰的疆界厘定:内陆省域自是重要组成,港澳台更加不可或缺。历史原因造成过港澳与内地的暂时分离,宝岛台湾至今依然孤悬海外。习近平强调,香港、澳门与祖国内地的命运始终紧密相连②,他还着重指出,两岸是割舍不断的命运共同体③。

近代历史上,由于帝国主义列强的强行割裂,中国的领土完整受到侵害,被迫以不平等条约的名义割让香港、澳门和台湾。考虑到港澳台地区民众在资本主义制度下生活百余年的现实,中国共产党提出了"一国两制"的解决方案,分别于 1997 年 7 月对香港恢复行使主权,1999 年12 月对澳门行使主权。在强大祖国的支持下,香港作为世界重要的贸易、航运、金融中心与澳门作为世界重要的休闲娱乐中心的地位功能得到进一步巩固,港澳地区的发展实践充分证明了"一国两制"的正确性。

"一国两制"是在捍卫国家主权的前提下维护中华统一命运共同体的制度性理论创新。从国家主权的权力结构进行审视,中国是单一制主权国家。作为"一国两制"前提的一个中国原则实际上强调的就是单一

---

① 习近平.决胜全面建成小康社会 夺取新时代中国特色社会主义伟大胜利——在中国共产党第十九次全国代表大会上的报告[N].人民日报,2017-10-28(01).
② 李寒芳.习近平会见梁振英崔世安[N].人民日报,2013-3-19(01).
③ 彭波.习近平总书记会见中国国民党主席洪秀柱[N].人民日报,2016-11-2(01).

制中国国家主权的不可让渡性。"两种制度"是社会主义制度与资本主义制度在单一制中国的共存,但并非社会主义制度和资本主义制度平行享有国家主权。中国是毋庸置疑的社会主义国家,社会主义制度是中国的国家主体,资本主义制度只是港澳台特定区域实施的自治方案。"一国两制"是对西方主权观念"单个主权国家只能实行相同社会制度"的理论创新,既保证了国家主权的统一,又保证了相关地区的稳定性。"一国两制"不仅保证了港澳的顺利回归与持续繁荣,还是解决台湾问题的最佳方案,同时对世界其他民族国家解类似历史遗留问题具有积极意义。

中华人民共和国成立之后,国民党政府不甘失败并盘踞在台湾负隅顽抗,加上外部霸权主义力量的干涉,最终酿成祖国至今没有完全统一的局面。和平统一台湾,始终是中国实现领土统一的首选。在坚持一个中国原则的前提下,台湾地区将会享有更大程度的自主权。作为中国的内政问题,统一台湾至今还面临着岛内分裂势力的对抗与外部霸权力量的干涉。保留武力手段解决台湾问题,针对的正是对妄图分裂中国的敌对势力。作为推动发展的中国逻辑,中华民族共同体意识将为国家统一的实现提供精神动力。而现实终将证明,在中华文化的感召中,在共同体利益的驱动下,台湾必将回归中华民族命运共同体的怀抱。

维护中华统一命运共同体,实现国家的完全统一,是中华民族复兴的题中之义。国家完全统一的实现,首先会提升中国的综合国力,中国在世界民族之林的地位将更加突出。同时,台湾地区、香港地区、澳门地区将得到祖国更加强有力的支持。值得一提的是,随着《粤港澳大湾区发展规划纲要》的出台与施行,香港地区、澳门地区必将在深度融入国家发展大局的基础上实现自身发展的更进一步。国家完全统一的实现,还将加速中华民族的复兴进度。目前,台湾问题成为分裂势力和霸权主义干扰中华民族复兴的政治工具。国家统一之后,中华民族将会更加聚焦发展,民族复兴的进程也将随之加快。此外,国家完全统一的实现还为地区和国际的和平发展贡献中国力量。台湾回归后,分裂势力和霸权主义的不良居心自然会以失败告终。总之,一个完全统一的中国是对世界和平维护力量的现实加强。

（三）支持世界和平发展事业

二战以来，国际共产主义运动遭受了重大挫折，资本主义国家爆发了周期性的经济危机，眼花缭乱的"黑天鹅事件"让人们感觉世界的发展似乎充满了各种不确定性。以至于有学者将今日之全球社会称为"风险社会"①，也有学者如达努奇感慨世界已经进入一个不确定的时代，全球化将导致分裂和冲突。纵观新中国成立以来的发展历程，和平发展的中国共产党执政理念，是当代中国的鲜明价值标签，中国成为"不确定时代"中支持世界和平发展事业的积极性与确立性力量。

中国致力于维护周边地区的整体和平稳定。自 1840 年鸦片战争开始，中国连续经历了百余年的动乱。解放战争的胜利使得中华民族取得独立，但在磨难中站起来的新中国已是千疮百孔，国家在各个方面的建设亟须展开。新中国成立后不久即爆发的朝鲜战争，严重威胁到整个东亚地区的和平。为此，中国人民克服自身困难，义无反顾地支持了朝鲜人民反抗帝国主义侵略的战争，既为中国周边地区赢得了整体性的稳定环境，同时还为自己赢得了和平发展的时间与空间。此后，中国还支持了越南人民反抗帝国主义侵略的斗争，确保了东亚地区整体的和平稳定。中国反对侵略战争的决心极大地震慑了帝国主义妄图依靠战争压迫他国的意图。20 世纪 90 年代以来，朝鲜核问题逐渐成为威胁朝鲜半岛和平稳定的潜在隐患。作为推动构建周边安全共同体的朝鲜半岛近邻，中国对核武器在半岛的出现始终持反对态度。但在既定事实和已经发生的情况下，中国主张以对话协商的和平方式实现半岛无核化，为此在北京先后组织了 6 次旨在化解朝鲜半岛核危机的六方会谈，为朝鲜停止核试验和朝韩双边关系缓和做出了重要贡献。中国倡导南海争议由直接相关国家加以协商解决。中国南海地区海洋资源丰富，战略位置突出，近年来成为外来霸权主义干涉的焦点区域。中国主张与东盟直接相

---

① 贝克.风险社会[M].何博闻,译.南京:译林出版社,2004:序言2.

关国家通过协商达成共同遵守的地区规则，排除第三方国家非直接相关国家的参与。中国积极推动《南海各方行为宣言》的落实，主张各方共同遵守南海行为准则，共同维护南海地区的和平稳定。

中国积极推动南南合作。目前，世界上多数国家仍处于不发达的发展状态。发展中国家无论是在人口数量还是国土面积方面都占据着全球的多半。寻求发展资金与先进技术的支持是发展中国家共同面临的问题，加强发展中国家的整体性合作与沟通，不仅有助于发展中国家内部合作的增强，还将有助于发展中国家在南北合作的对话中争取自身正当权益。由于所处地理位置的特点，发展中国家的合作又被称为南南合作。作为世界上最大的发展中国家，中国一直以实际行动推动南南合作的发展，中非之间的合作共赢更是成为南南合作的典范。非洲是发展中国家最为集中的区域，基础设施、教育医疗、制造工业等处于较为落后的水平。中国从非洲人民的需要出发，主动对接非盟《2063 年议程》。中国对非洲的合作以相互尊重为前提，没有任何附加的政治经济条件，受到了非洲国家的普遍欢迎。中国还以高度的责任感免除了部分非洲最不发达国家的债务。近年来，非洲国家在铁路、港口建设，医疗教育发展等多方面取得了巨大进步，非洲相关国家在中国的投资也多有获益。中非合作论坛则是双方在发展中注重顶层设计，构建务实项目合作的有效制度化探索。

中国大力支持联合国维和行动。两次世界大战以来，大规模战争引发人员伤亡、文明进程受阻的负面效应使得世界人民更加珍视全球整体和平的局面。和平需要共同维护，在当今世界的生活现实中，恐怖主义、教派冲突、极端贫困等仍是世界和平的现实威胁。作为联合国安理会常任理事国，中国通过参与联合国维和行动正在日益为世界和平作出更大贡献。从经费支持来看，中国最初对维和费用的摊款比例不足 1％，而2016 年度共缴纳联合国维和摊款 8.44 亿美元（约合 58 亿元人民币），占摊款总额的 10.2％，在联合国所有成员国中位居第二。从力量贡献来看，中国派出参与维和行动的军人数量是联合国安理会常任理事国中最多的。正是因为如此，中国的维和行动被世界赞誉为"维和行动的关键因素和关键力量"①。

四、当代中国发展的世界意义

新中国成立尤其是改革开放以来,随着自身实力的逐步壮大,中国为世界作出更大贡献越来越具有现实可能。中国是人类命运共同体的重要组成,自身的和平稳定已经是对人类事业的重大贡献。不可否认,人类命运共同体的构建需要世界各国的共同努力,但同样离不开有责任担当的大国进行引领。今日中国之所以能提出共同价值,不仅缘于当代中国的成功发展实践,更是因为当代中国发展具有的世界意义,可以说是中国基于自身实践对人类社会发展规律的最新体悟。而今日中国之所以要提出共同价值,一方面是向世界无私阐发自身发展经验,另一方面则是为了引领人类命运共同体的构建,可以说是为了更好地捍卫人类既存利益与实现人类未来利益。

(一)中国共产党领导的当代中国发展

民族国家的真正发展需要以本国基本国情的认知为前提条件,而当代"中国最大的国情就是中国共产党的领导"②。中国共产党的领导地位既不是自封的,更不是天然形成的,其是在中国共产党带领人民争得民族独立的过程中得以形成并确认的,其是在中国共产党带领人民推进社会主义现代化建设事业中得到进一步巩固的。

中国共产党的领导是当代中国的最大国情,也是当代中国的最大政治优势。所谓政治优势,是涵盖领导优势、制度优势、力量优势在内的整体性优势。中国共产党的性质决定了其是无任何私利的代表人民利益的无产阶级政党,因而实现人民所向往的美好生活就是其奋斗目标。将人民的发展愿景与利益诉求真实地转化到制度运行与法律法规文本中,

---

① 周辄,等.守卫和平 守望幸福[N].人民日报,2018-10-10(22).

② 习近平.习近平关于社会主义政治建设论述摘编[M].北京:中央文献出版社,2017:28.

则构成当代中国的制度优势。"截至 2021 年 6 月 5 日,中国共产党党员总数为 9514.8 万名"[①],是世界上人数最多的现代化政党,成为社会主义中国建设的最具决定性力量。同时,中国共产党还善于通过民主方式将人民力量凝聚在一起,汇聚成当代中国建设的磅礴伟力。正因为如此,当代中国的政治优势能转化为发展优势,从而取得令世界瞩目的成就。

中国共产党对当代中国发展的成功领导,有力回应了西方别有用心者对中国政党制度的攻击。西方宪政最早可以追溯到英国的大宪章时代,其在对抗封建王权方面具有进步意义。此后,分权、限权与制约逐渐被人们当作不二法则,并进一步应用到政党体制中从而演化成西方的两党制与多党制。一直以来,西方总有别有用心者不能客观地看待中国的政党制度,无谓指责中国共产党的领导制度。而中国共产党带领中国人民取得的成就,则用实践回应了中国政党的领导是当代中国能够取得发展优势的关键,同时也证明了中国政党制度为人类现代政治文明作出的贡献。首先,社会主义协商民主已经且不断在反映社情民意、凝聚发展共识方面发挥作用,成为社会主义民主的重要内容组成。其次,中国共产党历来重视自身建设,尤其是党的十八大以来,党通过制度有效加强了政治、纪律等建设,在反腐等方面取得巨大成绩。由此可见,判定政党制度的好坏不能带有偏见,而要看其是否与国家基本情况相匹配,是否能为国家发展贡献政党优势。

在领导当代中国实现成功发展的同时,中国共产党还始终为人类进步而奋斗。社会主义事业在全球的实现是长期的过程,其间必定会充满各种曲折。中国共产党将坚持对理想的价值追求,立足于现实条件,通过维护当代人类和平、促进当代人类发展,成功走出了一条"用和平发展方式追求文明进步的新路"[②],不断为人类摆脱外在压制,实现解放创造

---

① 中共中央组织部.中国共产党党内统计公报[N].人民日报,2021-1-5.
② 徐崇温.中国道路的国际影响和世界意义[J].毛泽东邓小平理论研究,2018(1):15-27,107.

着更多有利的现实条件。理解了中国共产党的领导，便能理解当代中国的发展，从而领会中国共产党的领导与当代中国发展的深刻一致性，领会当代中国现代化发展、开放发展、责任发展的世界意义。

（二）当代中国现代化发展的世界意义

现代化表征着人类追求现代生活方式的过程，它是从传统农耕社会过渡到以工业化为代表的现代社会的过程。二战以来，通过现代化道路实现自身发展或保持自身发展优势是世界各国的共同愿望。到目前为止，尽管还没有建成社会主义现代化强国，但从目前经济体量的规模、工业化的发展程度以及人均生活水平较于新中国初期的改善程度，可以说中国已经在现代化发展方面取得了不俗成就。

自新中国成立 70 多年的历程来看，中国在现代化过程中注重强调自身特色，主要原因是中国在走向现代化进程的过程中没有现成经验可以借鉴而只能结合本国特点进行探寻与摸索。新中国成立初期的一段时间，中国也曾在现代化过程中参考借鉴过苏联模式，但后来实践证明了苏联模式的局限性，特别是苏联的解体，更是其现代化模式难以为继的铁证。社会主义制度属性的中国，同样不可能模仿照搬以英美为代表的西方现代化建设方案。正是得益于不懈的现代化价值追求与社会主义制度的坚守，中国结合自身特色走出了一条既不同于苏联模式也不同于西方模式的社会主义现代化新路。

实践的成功，赋予了中国现代化发展的世界意义。首先，中国的现代化发展为其他发展中国家走向现代化提供了可资借鉴的经验。如今世界上的发展中国家，大多与中国有着类似的历史遭遇，即在世界近代史上曾经遭受过列强的侵略与压迫。因此，他们在现代化的行进中渴望保持主权完整，希望摆脱西方发达国家的控制。当今时代，发展中国家又面临着与中国现代化发展进程中相同的时代主题，即需要在总体和平的时代主题下寻求本国发展。因此，类似的历史遭遇与相同的时代主题，决定了中国现代化发展的经验对广大发展中国家而言更具现实性与适用性。民族国家的现代化征程以摆脱其他国家的外在压迫为基础，其能否取得成功则取决于民族国家在现代化发展中是否可以对社会主要矛盾进行正确认识与科学化解。至于国家在化解社会主要矛盾的过程中,应该始终坚持人民利益至上的价值导向,注重提高人民的各个方面的生活水平,科学判断自身所处的时代方位,准确认识时代主题。此外,国家的执政党应该勇于并善于自我管理从严,敢于进行自我"革命"。

其次,中国的现代化因为是具有社会主义内在属性的现代化而更加具有了一般性质的世界意义。长期以来,由于西方国家是现代化进程中的先行者并积累了发展优势,而社会主义在现代化进行中的表现又一度不尽如人意,现代化于是被打上了西方化的标签。自东欧剧变、苏联解体以来,世界上唱衰社会主义的舆论更是不绝于耳。"发展道路的选择实际上是生活方式的选择"①,中国的现代化发展成就则证明了社会主义的强大生命力,证明了科学社会主义的伟力在于我们是否能根据国家实际对社会主义理论进行消化吸收再创新。今天的中国,各个民族在社会主义理论魅力与民族复兴责任的感召下,有着高度的实现现代化强国的向心力。反观西方,英国脱欧,法国"黄马甲"运动肆虐,欧洲其他国家也深受难民问题困扰,而国内国际政策施行方面的分歧更是导致美国社会几乎陷入"分裂"困局。由此观之,现代化发展的中西方对比必将有助于世界人民重新审视社会主义模式,客观地看待马克思主义及其当代性理论创新。而社会主义中国在现代化进程中注重公平正义共享的价值导向,必将对人类现代化的整体发展产生深远影响。

(三)当代中国开放发展的世界意义

开放发展是民族国家取得繁荣的必要条件,拒斥开放往往需要承担国家贫弱的后果。但开放发展作为民族国家繁荣的必要条件同时意味着,并非所有国家在开放发展的进程中皆能一帆风顺。从国际发展形势来看,尽管这两年来部分发达国家的内部出现了一些保守主义的自我封闭声音,但西方发达国家无论在开放制度的体系化建设还是在开放水平

---

① 陈学明,等.中国道路的世界意义[M].天津:天津人民出版社,2015:97.

的成熟度,总体上都居于世界前列。因此,一些国家总是试图模仿西方的开放模式与开放制度,以为在开放发展方面照搬西方必然会取得成功。但现实证明,不结合自身实际特点的开放发展难以取得真正实效。西方国家的开放发展优势与历史"积累"有着密切关联。在"世界历史"的早期阶段,资本主义列强利用船坚炮利的外部暴力因素,通过商品输出和资本输出等手段获取了发展的历史优势,并且在开放发展的后续进程中采用国际规则将自身优势固定了下来。在迄今为止的全球开放发展链条中,西方国家仍处于上游位置。而后发国家在照搬发达国家的开放发展模式和制度之后,由于自身缺少必要的前期发展积累往往会出现模式与制度"超前"的水土不服遭遇。

中国的开放发展则与西方开放发展模式在历史形成方面存有本质区别。和平发展一直是中国开放发展的基调。社会主义制度的内在价值追求与中华的和平文化基因,当今时代的基本发展态势,决定着中国既无动机也不可能更无须重走资本主义的血腥开放之路。因而中国在开放发展过程中形成的宝贵经验更加与时代发展潮流相契合,即一国的开放发展应以国家的独立自主为基本前提、开放发展应在一国家发展全局中居于的关键、开放发展应在对内改革与对外开放的有机统一中推动。此外,中国在开放发展过程中高度重视互利共赢,实现的包容性发展在发展自我的同时给人类发展贡献了诸多机遇,"改革开放以来,中国货物进出口总额从 206 亿美元增长到超过 4 万亿美元,累计使用外商直接投资超过 2 万亿美元,对外投资总额达到 1.9 万亿美元"①。马克思早就指出贸易霸凌主义的本质是"牺牲别国而致富"②,而中国开放发展的内在品质与某些国家推行的贸易霸凌主义形成了鲜明对照。

人类历史自步入"世界历史"阶段以来,开放越来越成为人类文明取得进步的内在要求。伴随着生产力发展水平的不断提高,世界上各个

---

① 于洪君.坚定走好开放发展之路[N].人民日报,2019-2-19(09).
② 马克思,恩格斯.马克思恩格斯文集(第 1 卷)[M].北京:人民出版社,2009:758.

"民族的片面性和局限性日益成为不可能"①,人类之间的社会交往也会更加频繁和密切。即民族之间相互往来的扩大需要开放发展的强力支撑,社会个体也会越来越成为"世界历史"意义上的个人。全球开放发展的不断深入,带来的必定是全球人类流动不断便利与密切的积极潮流。在世界市场已经存在的前提下,开放发展能够促进发展资金的流通,便于不同国家发挥各自优势,可以让各国人民享受到物美价廉的优质商品。而各国相互之间贸易往来的不断加深,能够促进世界贸易的大繁荣。开放发展可以促进世界各国之间的技术交流,其有益于人类科学的整体进步。当然,正如中国开放发展品质所凸显的价值意蕴,更深层次的开放发展意味着各国在世界开放体系面前享有平等的规则与制度参与权、话语权、制定权。由此可见,中国的开放发展真正代表了未来世界开放的发展方向。中国提倡以共同价值为导向不断完善开放发展的国际制度体系,从而让符合人类进步趋势的开放发展在不断完善中更加健康与更具可持续性。

(四)当代中国责任发展的世界意义

当今人类社会由各个主权国家组成的基本事实,决定了一国的国内治理和全球的国际治理之间存在着交互性影响。责任发展,是指国家在发展过程中理性认识与切实履行自身需要承担的职责,从而促进国家繁荣强大的发展方式。中国是人类命运共同体的重要组成,构建人类命运共同对中国而言首先意味着通过筑牢中华民族命运共同体和维护中华统一共同体,建设高度繁荣的社会主义国家。一直以来,中国在发展过程中既注重有效推进国内治理,又注重基于自身实力承担国际责任,较好地平衡了国内责任与国际责任之间的关系。正如一位美国学者做出的客观评价,"和平发展的中国呈现给了世界最大的确定性"②。实际上,责任发展的实质正是一国国内责任与国际责任的有效平衡。如果一

①　马克思,恩格斯.马克思恩格斯文集(第2卷)[M].北京:人民出版社,2009:35.
②　基欧汉.霸权之后:世界政治经济中的合作与纷争[M].苏长和,等译.上海:上海人民出版社,2006:52-53.

个国家只注重自身发展而不愿意承当相应的国际责任,往往会给整个人类社会和其他国家的发展带来许多风险。与此相应,如果一个国家盲目地包揽国际责任而不顾自身客观实力的基本现实,本国的发展往往会背上严重的负担,最终非但不能真正地改善全球治理,反而可能将民族国家的发展拖入泥潭进而造成全球治理恶化的局面。当代中国责任发展的世界意义在于:各国在发展中应注重国内责任与国际责任的有机统一。

有效地推进国内治理,确保本国的和平稳定大局本身就是对人类发展的贡献。国家在发展中应注重各民族之间的相互平等,部分国家长期存在的种族歧视问题应得到妥善解决。国家在发展中还应注重区域之间的发展平衡,目前中国正在通过开发西部、崛起中部、振兴东北、开发开放沿边的方式实现区域均衡性发展。此外,国家在发展过程中还应注重发展的共享性,让发展中的成果惠及更多民众。一国的主权与领土完整应得到其他国家的切实尊重。主权与领土完整是国家最为核心的利益,任何国家都会不惜一切代价捍卫自身的核心权益。以中国的统一为例,台湾问题纯属中国内政,任何其他国家都不应破坏中国的主权与领土完整,否则就是对地区与人类和平的不负责任。

国家还应切实承担起自身的国际责任,共同实现人类社会的和平发展。物质空间的和平是人类发展不可或缺的条件。两次世界大战以来,求和平成为世界各国人民的共同愿望。二战后尽管某些国家一意孤行,发动了对其他国家的侵略斗争,但是其国内也相应地爆发了反战运动,充分反映出这些国家人民维护和平的反战心声。和平发展需要共同维护,现有的联合国维和机制尽管并不完美,但在各国尊重《联合国宪章》精神的基础上能够得到逐步完善。国家之间应相互尊重人权。随着人类的发展进步,扁平化的趋势使得某些国家动辄以人权为名干预其他国家主权事务。所谓"人权高于主权",其实只是个别西方国家妄图干涉他国内政的借口。发展中国家与发达国家在发展程度上存在差距,是当今国际发展的客观事实,西方发达国家对此局面的形成有不可推卸的历史责任。发达资本主义国家由于发展水平较高,在物质生活相对富裕的基础上更加关注自由、民主等人权内容。而发展中国家则将更多精力倾注在生存权与发展权上。历史唯物主义强调,"人们首先必须吃、喝、住、穿"①,在此基础上才能继续从事其他的活动,人类"在极端贫困的情况下,必须重新开始争取必需品的斗争,全部陈腐污浊的东西又要死灰复燃"②。由此可见,保障人的生存、发展权利是实现其他各种权利的最基本前提。当然,发展中国家在满足人民物质需要的基础之上也应采取更加有力的手段满足人民的其他多样化需求。因此,所谓"人权高于主权"只是霸权国家用来干涉他国内政的借口。而真正行之有效的方案是:部分国家应当尊重其他国家选择的发展道路并提供力所能及的帮助,助力落后国家实现真正发展,使得发展中国家的人权内容得到丰富、人权层次得到提高,进而共同促进全球人权事业的发展。

---

① 马克思,恩格斯.马克思恩格斯文集(第3卷)[M].北京:人民出版社,2009:459.
② 马克思,恩格斯.马克思恩格斯文集(第1卷)[M].北京:人民出版社,2009:538.

第五章　凝聚共识的现实观照

　　凝聚共识有着强烈的现实关怀,可以观照全球治理的现实推进。欲理解凝聚共识的全球治理观照,首先要解决的元问题是如何看待凝聚共识进程中资本主义与社会主义在全球治理中的"共同在场"。资产阶级与无产阶级的阶级对立,不能简单地推演到国际关系领域。在全球性问题面前,社会主义国家与资本主义国家均无法独善其身,因此双方应从人类生存与发展的大局出发携手合作。中国关于全球治理嵌入价值共识的主张,立基于新时代的历史方位和人类社会重大矛盾的科学认知,倡导全球事务各国共同治理、国际交往"义利并行"。日益走近国际舞台中心的新时代中国将为全球治理作出更大贡献,但中国不会牺牲自身的核心国家利益,而是在国家发展与人类利益中寻求统一。当今世界的霸权主义国际格局不符合人类文明的前行逻辑,从霸权主义国际格局走向新型国际秩序是人类社会发展的必然趋势,也是价值共识嵌入全球治理的逻辑演进必然。

一、凝聚共识进程中社会主义与资本主义的"共同在场"

　　百年未有之大变局下全球治理进入深度调整时期,急需凝聚价值共识以引领共商共建共享的全球治理体系构建。[①] 在如今的全球治理进程中,由社会主义的代表中国所提出的凝聚共识方案,一项重要内容即社会主义国家与资本主义国家共同合作,追求人类共同利益。无独有

---

　　① 孔艳丽,韩升.百年未有之大变局下全球治理的价值共识凝聚[J].社会主义研究,2021(3):150-157.

偶,无论全球治理代表人物罗西瑙的概念界定①,还是全球治理委员会
的相关定义,全球治理都涉及一个重要的基本问题,即多元主体之间的
互相合作。马克思主义认为,资产阶级与无产阶级之间存在的是鲜明的
阶级对立关系。在历史前进的过程中,中国、苏联等社会主义国家无一
不是通过无产阶级政党领导的政治革命在本国确立起社会主义制度。
如果按照无产阶级与资产阶级对立的语境进行分析,将二者对立的逻辑
推论到国际领域,那么无产阶级领导的国家与资产阶级领导的国家即社
会主义国家与资本主义国家应是彼此对立的存在。可见,真正地推动全
球治理,首先需要解决的一个元问题就是,如何正确理解资本主义国家
与社会主义国家在当代的共存共生乃至共赢?

(一)资本主义的灭亡是基于"外在性"还是基于"内生性"

在《共产党宣言》中,科学社会主义创始人指出在人类社会发展进程
中"资产阶级的灭亡和无产阶级的胜利是同样不可避免的"②。资产阶
级的灭亡之所以不可避免,缘于其内在病灶的无法根除。一方面,资产
阶级在社会生产过程中要求充分自由,主张采取大工业生产的方式进行
自由化生产。另一方面,资产阶级牢牢把控着生产资料所有权,掌握绝
对社会财富,作为被剥削者的无产阶级则始终处于相对贫困状态而无力
消费。因此,资产阶级"首先生产的是它自身的掘墓人"③,即无产阶级。
随着资本主义生产的不断进行,资本主义社会中"工厂中生产的组织性
和整个社会中生产的无政府状态之间的对立"④会愈发明显,资本主义
的周期性经济危机引发的灾难也愈深重。资本主义生产关系越来越无

① 罗西瑙认为,治理依赖主体间重要性的程度不亚于对正式颁布的宪法和宪章的依赖。参见罗西瑙.没有政府的治理——世界政治中的秩序与变革[M].张胜军,刘小林,等译.南昌:江西人民出版社,2001:5.全球治理委员会认为,治理是各种各样的个人、团体处理其共同事务的总和。参见卡尔松,兰法尔.天涯成比邻——全球治理委员会的报告[M].中国对外翻译出版公司,译.北京:中国对外翻译出版公司.1995:2.
② 马克思,恩格斯.马克思恩格斯文集(第2卷)[M].北京:人民出版社,2009:43.
③ 马克思,恩格斯.马克思恩格斯文集(第2卷)[M].北京:人民出版社,2009:43.
④ 马克思,恩格斯.马克思恩格斯文集(第3卷)[M].北京:人民出版社,2009:554.

法消化它所创造的社会财富,越来越成为生产力进一步发展的障碍。"资产阶级不仅锻造了置自身于死地的武器,它还产生了将要运用这种武器的人——现代的工人,即无产者。"①

由此可见,资本主义的灭亡是基于内生性社会矛盾,是基于社会基本矛盾所导致的阶级矛盾日益尖锐并最终爆发的过程。资本主义的内生性灭亡意味着资本主义在自我矛盾难以克服的情况下必然最终发展到更高阶段的社会主义。资产阶级必然灭亡与无产阶级必然胜利是资本主义灭亡过程的两个方面,不能将其简单推论到国际关系领域,从而得出社会主义国家同资本主义国家在国际体系中展开激烈对抗并最终战胜资本主义国家的结论。那么,"全世界无产者联合起来"是否强调在国际关系领域中社会主义国家直接进行联合从而同资本主义国家进行对抗呢?

科学社会主义的创始人曾在《共产党宣言》的结尾处大声疾呼:"全世界无产者,联合起来!"②正是这句振聋发聩的战斗口号,让当时整个欧洲的国家都在颤抖。如果仅仅从字面上加以理解,它当然可以被解读为全世界的无产者共同团结在一起,建立起国际性的工人组织,甚至一起采取联合的革命暴力行动,从而消灭资本主义国家以实现整个人类的普遍解放。但是,分析与理解马克思主义的基本论断,更应该将其还原到当时具体的历史境遇中,进而完整准确地把握其内在要义。

"全世界无产者联合起来"口号的提出有着深刻的时代历史背景。19世纪的欧洲,包括封建势力和资本主义势力在内的整个旧势力联合在一起,共同对付无产阶级。本国的资产阶级成员和各国的资产阶级"总是联合起来并且建立兄弟联盟"③以反对本国和各国的无产者。欧洲工人因为在各个方面遭受的不公正待遇,先后多次组织了争取自身权益的工人运动。但是,不断爆发的工人起义却总是因为力量的相对弱小

---

① 马克思,恩格斯.马克思恩格斯文集(第2卷)[M].北京:人民出版社,2009:38.
② 马克思,恩格斯.马克思恩格斯文集(第2卷)[M].北京:人民出版社,2009:66.
③ 马克思,恩格斯.马克思恩格斯文集(第2卷)[M].北京:人民出版社,2009:694.

而遭到残酷镇压,马克思和恩格斯因此意识到工人阶级联合起来以壮大自身实力的重要性。在 1848 年巴黎六月起义的过程中,工人阶级已经喊出《宣言》中所号召的"全世界无产者,联合起来!"的战斗口号。此外,到 19 世纪中期,由于资本主义在发展过程中暴露出的种种弊端,欧洲不仅存在着以马克思为代表的科学社会主义理论,还有着名目众多的社会主义"派系"。各种自称社会主义的理论流派都为拯救资本主义开出药方,以至于马克思和恩格斯在写就《宣言》时将其取名"共产党宣言"而非"社会主义宣言",并且用专门的文字对徒有虚名的"封建社会主义"、摇摆不定的"小资产阶级社会主义"、纯粹思辨的"德国社会主义"、维护资产主义制度的"保守社会主义"以及拒绝任何革命行动的"空想社会主义"进行了批判。可以看出,由于欧洲各国统治者在历史上存有密切联系,当时欧洲工人阶级在革命斗争过程中面临资产阶级势力共同围剿的严峻形势。再加上,为了同各种混淆视听的所谓"社会主义理论"提出的社会改造方案加以区别,"全世界无产者联合起来"的口号才应运而生。因此,"全世界无产者联合起来"与"社会主义国家起来联合起来对抗消灭资本主义国家""社会主义国家必然埋葬资本主义国家"不能简单画等号,它们在意思表达方面存在明显差别。

一国人民的解放事业最终要靠本国人民才能完成。"如果不就内容而就形式来说,无产阶级反对资产阶级的斗争首先是一国范围内的斗争。"[①]由此充分说明,无产阶级革命的第一步是民族国家在国内取得社会主义革命的胜利,之后才能实现无产阶级真正意义的国际联合。历史的发展也充分证明了此论断的科学性,两次世界大战之后大批社会主义国家之所以得以成功建立,最根本的依靠力量还是相应国家的本族人民。

社会主义与资本主义制度的国家共同存在于同一时空场域,是当代世界最基本的国际现实。如果机械地将资产阶级同无产阶级的阶级对立推论至国际领域,从而主张社会主义国家消灭资本主义国家,那么必

---

① 马克思,恩格斯.马克思恩格斯文集(第 2 卷)[M].北京:人民出版社,2009:43.

然同今天社会主义中国所倡导的资本主义与社会主义共同合作产生逻辑悖论,从而导致马克思主义陷入话语的"自我分裂"。实际上,马克思主义所说的阶级对立性应该回归到文本语境进行理解。作为民族国家内部的"资产阶级必然灭亡,无产阶级必然胜利",与国际关系领域的"资本主义必然灭亡,社会主义必然胜利"不可同日而语。当然,从历史发展的总体趋势来看,国家内部语境和国际关系语境所描述的人类发展趋向并无差异。可是,如果从语境学的角度进行考察,国家内部语境和国际关系语境在表述方式上存在着一定程度的差异,即原文更加强调资本主义灭亡的内在性,而后者侧重于从外力角度论述资产主义的灭亡。

在国际关系领域主张社会主义国家与资本主义国家展开激烈对抗,从而战胜并埋葬资本主义是无法直接从马克思那里得出的结论,并且是有学者强调指出的"斯大林话语体系的表达"①。当然,随着历史的发展,资本主义囿于内生性矛盾的无法化解必然会发展到更高阶段的社会主义。由此可见,社会主义中国倡导资本主义国家与社会主义国家在当代展开合作,不是对马克思主义的背离,而是在全面理解马克思主义阶级性前提下作出的时代性理论创新。

(二)资本主义的自我调适及其限度

二战结束后,马克思主义在世界范围的影响愈发深刻。由于科学社会主义本身的理论优越性,东欧和东亚、北美的部分国家在追求民族独立的解放过程中最终选择了社会主义制度。社会主义国家数量达到历史最高,国际共产主义运动一度高涨,社会主义的力量也达到了同资本主义分庭抗礼的地步。但仅仅到 20 世纪末期,由发展模式僵化带来的民众生活长期得不到改善,最终导致了社会主义阵营的苏东剧变。截至目前,全球只有 5 个社会主义国家,社会主义也处于相对弱势的地位。由此可见,社会主义的实践有着非常深刻的复杂性,社会主义的理论优

---

① 陈锡喜."人类命运共同体"视域下中国道路世界意义的再审视[J].毛泽东邓小平理论研究,2017(2):87-92.

越性如果不能结合国情与时代进行创新并不会自动确保本国发展的高枕无忧。

反观资本主义的发展，虽然其自身存在着无法根除的弊病，但在 21 世纪依然存在，而且当前国际格局基本力量的对比是"资强社弱"。马克思曾经指出，资产阶级除非"对全部社会关系不断地进行革命，否则就不能生存下去"①。资本主义正是通过各种方式的调适缓解了自身在历史前进中的痛楚，那么其在延续自我生命的过程中遵循着怎样的价值逻辑呢？而资本主义对自我的不断调适又是否存在限度呢？

资本主义因其对资本的无限尊崇而获得了自我归属。所以，逐利性即是资本主义的第一价值追求。随着社会生产的逐步扩大，早期资本主义国家所建立的国内市场已经无法消化资本主义的生产产品，资本便开始寻找新的空间来实现自身增殖。在全球化的早期阶段，资本主义的逐利主要借助于外在暴力手段达成目标。资本主义通过外力建立起全球统治秩序之后，又通过"普世价值"、借助宗教等手段实现思想殖民。世界市场的开辟，使得早期资本主义国家的发展有了双重迷惑意义。一方面，本国工人的生活水平可以得到一定提高；另一方面，资本主义国家被打造成完美天堂，以便于向落后国家宣传资本主义制度的优越性。为了实现长久统治，资本主义国家制度被夸大为人类发展的理想模型，早期资产阶级也被相应地塑造成"世界一等公民"。客观地说，早期资本主义扩张进程中塑造的世界秩序、意识形态在当今世界依然影响强大。

伴随着资本主义在全球的扩张步伐，不仅世界上原来发展相对落后地区的生产力不断得到提高，资本主义国内劳动人民的生活条件也得到相当改善。这是否能够说明资本主义的逐利性已经有所改变呢？事实并非如此，资本主义在全球扩张的过程中的确促进了生产力的发展，然而此种效果并非资本扩张的本意。实际上，世界生产力的整体发展只不过是资本主义在扩张过程中所无法避免的客观效应。另外需要指出的是，随着人类文明程度的整体提高，早期资本主义逐利所依靠的简单暴

---

① 马克思，恩格斯.马克思恩格斯文集(第 2 卷)[M].北京：人民出版社，2009：34.

力手段越来越难以为继,于是现时代的资本主义通过更加隐蔽的手段达到逐利的价值追求。当代少数的发达资本主义国家主要依靠控制资金链、产业链、贸易链的上游,凭借规则制定、技术优势等攫取全球利润中的绝大部分。而大多发展中国家和不发达国家则大多只能从事低端制造与产品代加工产业,付出大量的劳动,却只能得到不相称的报酬。此外,资本主义还将自身的经济优势转化为意识形态话语优势。资本主义大力宣扬社会发展中的达尔文主义,并在多个领域制定了便于控制世界的规则体系,以让发展中和不发达国家安于自身发展现状。不过随着自主意识的不断觉醒,发展中和不发达国家也开始在全球发展中尽力占据应有位置。

资本主义自我调适在短期目标内缓解了劳资矛盾,也达到了资产阶级笼络人心以更好地攫取利润的目标。然而资本主义的弊病却未得到根除,只是通过矛盾转移、意识形态辩护等手段给人们造成了一定程度的错觉,实际上"基于剥夺(dispossession)的经济运作,是资本的核心根基"①。资本主义自我调适所遵循的逐利性价值逻辑充分说明,资本主义所产生的剥削秩序、所造成的剥削事实从未改变,只不过在当代以更加隐蔽的形式而存在。那么资本主义的自我调适会不会自动朝着社会主义的方向迈进呢?

资本主义的本质在于通过逐利过程实现资本的自我增值,而社会主义的目标则是让外在物质条件成为社会自我实现的手段,此为二者的本质差别。随着人类文明进步程度的普遍提高,资产阶级不得不割让自身的部分利益给劳动者。但是,资产阶级并不会允许资本主义自动地转向社会主义。凡是涉及自身逐利的核心利益问题,资产阶级必然不会坐以待毙,而且资产阶级为了巩固资本主义世界的运行秩序,已经建立起一整套的制度与话语体系。因此,除非阶级矛盾激化并得到彻底化解,作为剥削阶级的资产阶级退出历史舞台,否则资本主义不可能实现向社会主义的自动转向,正是资产阶级规定了资本主义的自我调适限度。由此

---

① 哈维.资本社会的 17 个矛盾[M].许瑞宋,译.北京:中信出版社,2017:40.

可见,资本主义向社会主义的历史转向必定不会一帆风顺,其是一个长期复杂的历史过程,对此社会主义国家要有充分的心理估计。辨析资本主义自我调适的限度,有助于在当代世界的场域两种制度并存的情况下理性认识社会主义国家与资本主义国家之间的合作与摩擦。即社会主义国家要善于把握时代发展的辩证之处,真诚地做好同资本主义国家展开长期合作的准备,同时又要力所能及地纠正资本主义所主导国际秩序的不合理之处。

(三)全球性问题面前任何国家均难以独善其身

20世纪90年代以来,随着二战后冷战对峙格局的解体,全球发展在"一体化"的步伐上又迈出了关键一步。第二次世界大战尤其是冷战结束之后,伴随着科技的迅速发展,世界各国之间的联系也更加紧密。与此同时,各个国家的相互依存度也更高。一国发生的事情,往往可以迅速地影响另外一个国家。同时,随着全球融合程度的加深,一国尤其是大国的国内经济紊乱随时可以给全球经济带来波动。作为应对日益凸显全球性问题的理论,全球治理一经提出就成为全球瞩目的学术焦点。

早在20世纪70年代,著名的全球性民间学术组织罗马俱乐部发表了关于人类命运走向的智库报告《增长的极限》。这份关于人类命运走向的"学术预言"一经推出,随即引发全球的迅速关注。它既因对资本扩张过程中的问题批判而收获了广泛赞誉,又因对人类前途的悲观主义立场而遭受猛烈抨击。尤其是其关于人类未来发展应采取人口与资本保持不变从而换取人类其他自由、依靠技术革新等手段实现人类社会稳定运转的"全球性平衡"对策,更是被许多学者称作"全球末日模型"。即使是在21世纪的今天,人们对《增长的极限》的学术推理与研究结论依然争议不断,并且许多问题仍然没有确切的答案。但是,罗马俱乐部对人类命运的前瞻性思考、对人居环境恶化等相关全球性问题的警言,时至今日同样具有十分重要的现实意义。

进入21世纪,全球性问题已经成为威胁人类生存发展的最大现实性问题。第一,全球性问题的危害十分巨大。譬如,一些全球传染性疾病由于人口流动速度的加快,可以迅速给各国人民的健康甚至生命带来危害。至于恐怖主义等非传统安全问题更是直接危及公众的生命财产安全。再如,全球环境污染问题不仅在现时给当代的人类健康带来直接威胁,还在未来时空中给后世的子孙们带来安全的隐患。第二,全球性问题形成原因复杂,治理难度大。现有的全球性问题,部分由于一些国家国内治理失灵所引发,导致一些地域性问题成为威胁全球的因素,如索马里海盗给全球商业运输带来的危害。还有的全球性问题是各种矛盾交织作用的结果,如中东地区的难民潮的成因包含了地缘政治、民族矛盾、宗教冲突等问题的权衡交错。第三,目前应对全球性问题的治理机制相对落后。现有国际主要机构在治理全球性问题时的权威有待加强。大多数发展中国家、不发达国家由于综合国力、国际地位等原因,在现实的全球治理过程中难以形成切实有效的治理参与,其治理话语权也相对弱小。在议题设置方面,尽管全球能够就环境保护等问题达成基本共识,但在落实层面如减少碳排放的具体行动中,各国目前还难以达成一致的行动。第四,部分国家对全球性问题的处理缺乏耐心与持续动力。应对全球性问题,离不开全球性公共平台与全球性公共产品,更离不开各个国家的积极配合。提供公共产品在相当大的程度上是公益行为,难以收获相应的现实利益,需要各个国家在资金、人员、技术等方面给予支持。而且全球性问题的处理流程复杂,涉及的机构与国家众多,现实中进行协调的难度较大。第五,全球性问题的处理进度往往与国际局势的变化紧密相关。某些超级大国根据自身喜好随意挑选全球治理的议题,仅仅解决自身比较关注或与自身关系较大的议题,而对人类社会面临的普遍问题,如发展中国家的贫困等问题则置之不理。个别国家甚至还为其他国家积极推动全球性问题的处理公然设置种种障碍。总之,全球性问题的合作解决之路依然道阻且长。

凝聚共识能够引领两种制度实现的现实合作,应对化解"全球性问题的唯一途径只能是各国在全球范围内开展最广泛的协商和合作"①。
在全球性问题面前,无论是社会主义国家还是资本主义国家,均应从人
类生存与发展的大局出发而不能仅仅考虑各自的本民族利益或单个国
家利益。众所周知,解放构成马克思理论叙事的核心议题。仔细考察马
克思的解放叙事,可以发现其沿着宗教解放、政治解放、人类解放的轨迹
展开。其中,共产主义即人类解放状态的达成既是强制分工的解除,更
是个人机械结合的超越,是基于自我意愿的个人自由结合。未来的共产
主义社会"将是这样一个联合体,在那里,每个人的自由发展是一切人的
自由发展的条件"。② 一段时间内,"解放全人类"曾成为社会主义国家
内部的自觉信条。然而历经世事变迁,今天的我们更加强调"人类解
放"。看似大同小异的"解放人类"与"人类解放",在内在逻辑与实践机
理方面却存在根本区别。解放人类信奉外在力量对解放的实际推动,而
人类解放更加强调解放的内在必然性。人类命运共同体理念认为,人类
解放是生产力发展到一定阶段的必然结果,是历史发展的内在趋势。其
实,不仅是资本主义国家,社会主义初级阶段的国家也存在追求解放的
现实问题。追求解放价值目标的一致性,为资本主义国家与社会主义国
家创新和平共处的相处形式提供可能,为人类解放道路的"一"与"多"贡
献智慧。明确社会主义是历史的最终发展方向,在于彰显其是资本主义
的制度性超越。未来展望的现实意义在于坚定社会主义的道路自信,而
并非要求现有的社会主义国家结成联盟同资本主义世界进行你死我活
的全面对抗。对社会主义国家而言,在纷繁复杂的国际格局中坚守自
我,坚持为人类作出更大的贡献,才能更加从容、更加自信地同不同制度
的国家展开合作。

　　毋庸置疑,全球性问题是摆在人类面前非常现实的问题,一个国家
不会因为其是社会主义制度或是资本主义制度而能够幸免于难。在受

到全球性问题危害的层面,资本主义国家和社会主义国家没有任何区别。全球性问题的解决最终要依靠全球各国人民的通力合作。也正因为此原因,资本主义与社会主义国家在全球性问题面前采取携手共治的合作方式绝不是暂时的权宜之计,而是为了更好地呵护共同家园与促进人类文明发展。全球性问题的解决是一个复杂的、长期的过程,资本主义与社会主义制度的合作共治也将是一个长期的过程。共同价值的广泛认同,可以有效激发各个国家采取共同性行动,从而应对当前日益严重的全球性问题。

二、凝聚共识的中国主张

全球治理的健康持续发展,离不开凝聚共识的嵌入。新一轮科技革命的到来,给人类的社会生活带来了诸多便利,然而伴随生产力巨大进步而来的并不是人类生活各个方面的高枕无忧。中国关于全球治理嵌入共同价值的主张,立基于新时代的历史方位和人类社会重大矛盾的认知。新时代是对新中国成立以来尤其是改革开放以来中国发展成就全面客观的肯定,意味着"阶段性部分质变"而非阶段性整体质变的中国仍将处于社会主义初级阶段,表明中国在日益走近国际舞台中心的同时将更加靠近人类重大矛盾的漩涡。如今,人类社会依然面临着和平发展与安全威胁的较量、现存国际治理秩序与国际力量的对比变化、全球化与逆全球化冲突的重大矛盾。新时代的中国在发展过程中将以更加主动作为的积极姿态注重全球担当,倡导全球事务应由各国共同治理,主张国际交往应坚持"义利并行"的原则,从而推动各国实现"合作共赢"。

(一)中国特色社会主义已经迈入新时代

党的十九大向世界郑重宣布,中国特色社会主义进入了新时代。那么,对于中国而言,迈入新时代具体意味着什么呢?

第一,新时代是对新中国成立尤其是改革开放以来中国发展成就全面客观的肯定。改革开放以来,中国集中精力发展国民经济。根据国家统计局的数字,2018 年中国的 GDP 已经达到 90.03 万亿元人民币,而改革开放之初的 1978 年中国 GDP 仅为 3679 亿元人民币。2010 年,中国 GDP 超过日本跃居世界第 2 位。党的十八大以来,中国经济局面持续向好,到 2014 年中国 GDP 首次突破 10 万亿美元,成为唯一与美国并列的 GDP 超过 10 万亿美元的国家。目前,中国的经济体量已经稳居世界第二,中国人民的物质生活水平得到了极大提高。"中国特色社会主义之所以具有蓬勃生命力,就在于是实行改革开放的社会主义"①,改革开放开启了中国现代化建设的新时期,正是通过人民的持续努力与不懈奋斗,中国曾经的落后局面才得以彻底改变。

第二,新时代是社会主义中国发展的"阶段性部分质变"而非阶段性整体质变。进入新时代,中国特色社会主义依然处于社会主义初级阶段。社会主义初级阶段按照发展程度划分应属于社会主义社会的不发达阶段。因此,中国的社会主义初级阶段是从不发达社会主义国家到现代化社会主义国家真正建成的发展阶段。邓小平指出社会主义初级阶段的"基本路线要管一百年"②,形象地说明了社会主义初级阶段建设任务的艰巨性。新时代没有改变中国发展中国家的基本事实。中国人口基数庞大,人均 GDP 仍然处于较为落后的水平。在中国国内,加快解决区域发展不平衡、促进经济结构转型等问题依然十分急迫。在现有时空场域中,同发达资本主义国家相比,中国依然存在一定发展差距。在新时代,中国需要化解的是人民日益增长的美好生活需要和不平衡不充分的发展之间的矛盾。进入新时代,中国需要在新的起点全面建成小康社会,建设现代化的社会主义强国,满足人民群众在物质文化生活方面更加高质量与多元的需求。

第三,新时代意味着中国将日益走近国际舞台的中心。2008 年世界金融危机尤其是党的十八大以来,中国积极参与国际性事务,承办了多场有重要影响的国际性会议。中国的国际声望、国际地位都有所提

---

① 习近平.全面贯彻落实党的十八大精神要突出抓好六个方面工作[J].求是,2013(1):3-7.
② 邓小平.邓小平文选(第 3 卷)[M].北京:人民出版社,1993:370-371.

高,正在逐步靠近世界中心。但无论从经济等硬实力,还是从国际话语权等软实力维度进行考量,目前还不能判定中国已经居于世界的中心。从硬实力方面,中国在高新技术的掌握,尤其是在关键核心技术的掌握上依然受制于西方主要发达国家。从软实力方面,中国近年来的国际话语权虽然有所增强,但当前的国际主流话语权、舆论引导权掌控在西方发达国家手中。近年来,中国对世界和平维护、国际减贫事业作出了巨大贡献。随着综合实力的不断增强,日益强大的中国将为世界贡献更多力量。

经过长期努力,中国特色社会主义进入了新时代。党的十九大这一重大论断锚定了我国发展新的历史方位。中国特色社会主义进入新时代,我国社会主要矛盾已经转化为人民日益增长的美好生活需要和不平衡不充分的发展之间的矛盾。中国共产党立志于中华民族千秋伟业,百年恰是风华正茂!中国共产党勇于进行自我革命、践行初心使命,展现出百年大党应有的时代风貌。在中国共产党的坚强领导下,中华民族开创了与世界互动的新局面。

新时代新战略,党的十九大对新时代中国特色社会主义发展作出新的战略安排。其基本内容是从 2020 年到本世纪中叶,即从实现第一个百年奋斗目标到实现第二个百年奋斗目标,分两个阶段来安排:第一个阶段,从 2020 年到 2035 年,在全面建成小康社会的基础上,再奋斗 15 年,基本实现社会主义现代化;第二个阶段,从 2035 年到本世纪中叶,在基本实现现代化的基础上,再奋斗 15 年,把我国建成富强民主文明和谐美丽的社会主义现代化强国。新时代新思想,习近平新时代中国特色社会主义思想是当代中国马克思主义、21 世纪马克思主义,是中华文化和中国精神的时代精华,实现了马克思主义中国化新的飞跃。

(二)人类社会在当代所面临的重大矛盾

处于新时代方位的中国日益走近国际舞台中心,也不断接近着当代社会重大矛盾的中心。人类步入全球化时代之后,社会生活涌现出一些新的时代特征。一方面,世界经济的深度融合、全球性产业的密切合作将人类更加密切地联系在一起。特别是在新一轮科技革命的直接推动下,互联网络、信息交互、数字生活已经深深融入当代人类的生活日常。另一方面,人类在全球化时代面临着深刻矛盾。在关涉人类发展前途的全球性议题之中,既有传统性问题譬如民族、宗教等问题在新的时代条件下发酵壮大乃至失控的可能性,又有全新的时代议题诸如恐怖主义、网络安全、碳排放等问题需要刻不容缓地加以应对的急迫性。因此,需要理性全面地分析人类社会在当代面临的重大矛盾。

第一,和平发展与安全威胁的较量。作为解决人类冲突的方法,战争无疑是特别极端的一种形式。不可否认,战争(如正义战争)在人类文明进程中曾发挥一定积极作用。但总体看来,武装暴力冲突以其巨大破坏力带来的更多是创伤和灾难。习近平强调,当今世界仍不太平,国际热点此起彼伏,加强全球安全治理刻不容缓。[①] 特别值得一提的是,两次世界大战留给世人至今难以抚平的伤痛。以史为鉴,方能经略当下。对相处之道的不断反思,使人类意识到今日和平安定生活的来之不易。纵观当今世界,和平发展依然受到安全威胁的不时挑战,二者间的较量从未真正停止。中东及非洲的战火仍时有蔓延,部分地区依然有爆发局部冲突的可能,军国主义在某些国家的复活格外值得警惕。此外,恐怖主义、非法核试验、信息窃取等非传统安全给人类发展未来带来诸多不确定因素。捍卫和平、谋求发展,既该在意识层面倍加珍惜,更应在实际行动层面用心呵护。从长远看,"战争状态下的共生关系是一种消极共生,和平状态下的共生关系则是一种积极共生"[②],而和平为发展提供战略空间,符合人类根本利益诉求。以和平之光驱散安全威胁笼罩在人类发展上空的阴霾,需要全人类共同努力。

第二,现存国际治理秩序与国际力量对比变化的矛盾。近年来尤其是进入新世纪以来,国际、地区间的力量对比发生深刻变化。其中,以中国为典型代表的发展中国家为人类社会的发展贡献良多能量。而现有

---

① 杜尚泽,高石.习近平出席伊朗核问题六国机制领导人会议[N].人民日报,2016-4-2(02).
② 蔡亮.共生国际体系的优化:从和平共处到命运共同体[J].社会科学,2014(9):22-31.

国际秩序、国际规则主要由少数几个发达国家制定。由发达国家主导，便于发达国家尤其是超级大国获取利益是二战后国际秩序的突出特征，广大发展中及贫弱国家在这一体系中的前行显得步履维艰。无数事实已经证明："共同体的变迁深刻影响着人类的前途和命运"①。在生活实践中，人类社会的命运事实上由少数国家把控，各国在牵涉全球共同利益的议题上并不享有相应话语与规则制定权。换言之，霸权逻辑在现有国际框架中仍横行无阻，包容性缺失成为现存国际秩序的主要弊病。由此，建立起反映国际力量对比变化的崭新国际秩序以缓解既有矛盾，已经成为摆在人类发展面前的重大课题。

第三，全球化与逆全球化的冲突。近代以来，全球化在促进现代产业发展、便捷人类交往方面功不可没。以贸易相对自由为典型特征的全球化深刻改变着人类生活方式，带来巨大日常便利的同时丰富了人类物质财富。特别是，全球化为世界贫困人口的减少、地区闭塞的缓解做出很大贡献。同时，在全球化进程中，地区发展不平衡、贫富差距加大等新问题相继出现。习近平形象地指出："经济全球化曾经被人们视为阿里巴巴的山洞，现在又被不少人看作潘多拉的盒子"。② 面对发展中的新问题，有人不加分析就把罪因全部归于全球化，并开出反全球化的药方。仔细分析不难发现，逆全球化者采取设置贸易壁垒、修建边境隔壁墙、控制移民等措施意在维护既有利益格局，打压新兴市场力量。然而他们没有意识到，经贸秩序不合理、利益分配不恰当等问题的解决才是应对全球化弊病之真正良方，只有"以'类思维'重新理解人与人、共同体与共同体之间的关系，'人类命运共同体'才能成为人们自觉追求的价值目标"③。未来一段时间，全球化与逆全球化的冲突可能更加激化，因此客观理性地看待全球化，全面务实地分析问题产生的根本原因，才能对症下药、因病施治。

---

① 陈曙光.人类命运与超国家政治共同体[J].政治学研究,2016(6):49-59,126.

② 习近平.共担时代责任　共促全球发展——在世界经济论坛2017年年会开幕式上的主旨演讲[N].人民日报,2017-1-18(03).

③ 贺来.马克思哲学的"类"概念与"人类命运共同体"[J].哲学研究,2016(8):3-9,128.

（三）中国的全球治理观

进入新时代，中国在发展过程中以更加主动作为的积极姿态注重全球担当。共同价值主张实现自身发展的同时更好地惠及世界，而中国正以实际行动持续践行这一全球发展理念。

其实，中华民族自古以来就有"天下文明"的世界担当。中华民族在文明演进过程中孕育了"'道义相交，天下文明'的世界伦理"①，拥有世界担当是中华民族一直以来的优秀文化传承。早在两千多年前，《礼记》就对大同社会的构建做了概要式的描述："大道之行也，天下为公"（《礼记·礼运》），并且将"修睦"即崇尚和睦作为重要的政治和社会氛围目标追求。"万邦咸宁"（《尚书·大禹谟》）则透露出中华祖先对世界文明的期待，表达了中华民族对人类社会未来的美好希冀。在古代，陶渊明《桃花源记》中描述了人人平等、各得其乐的理想社会；到近代，康有为《大同书》中表露出中国知识分子的世界关切；至当代，费孝通"各美其美，美人之美，美美与共，天下大同"②的愿景生动刻画了人类文明的未来景象。

社会主义中国成立之后不久的1956年，毛泽东就强调"中国应当对于人类有较大的贡献"③。1985年，邓小平在中国共产党全国代表会议上指出，中国在21世纪中叶接近世界发达国家水平之时"可以对人类有较大的贡献"④。党的十八大以来，习近平也多次强调中国在全面治理方面的担当，指出"中国把为人类作出新的更大贡献作为自己的使命"⑤。正是基于为人类做贡献的价值担当，发展起来的中国不断为全球治理贡献中国智慧与中国方案。

共同价值并不是让各国放弃自身的现实利益，实现共同价值以各国

①　姜义华.构建我们自己解释历史的话语体系[N].人民日报，2015-2-4（07）.

②　费孝通.百年中国社会变迁与全球化过程中的"文化自觉"——在"21世纪人类生存与发展国际人类学学术研讨会"上的讲话[J].厦门大学学报（哲学社会科学版），2000（4）：5-11，140.

③　毛泽东.毛泽东著作选读（下册）[M].北京：人民出版社，1986：755.

④　邓小平.邓小平文选（第3卷）[M].北京：人民出版社，1993：143.

⑤　习近平.携手共命运　同心促发展——在二〇一八年中非合作论坛北京峰会开幕式上的主旨讲话[N].人民日报，2018-09-04（02）.

维护自身正当利益为基本前提。正如中国在发展过程中始终强调的："任何外国不要指望我们会拿自己的核心利益做交易，不要指望我们会吞下损害我国主权、安全、发展利益的苦果。"①随着中华民族复兴进程的持续，中国必将成为世界经济发展的主要动力引擎之一，以自身发展为全球繁荣谋智聚力。深度融合是当代世界经济的典型特征，今日中国的经济发展对世界经济局势有着重要影响。如今，开放发展的中国拥有稳定且可预期的投资环境，不断为外企、外籍人士在中国的发展打造经贸合作平台。同时，更多的中国企业也在走出国门，通过资金、技术优势的发挥为繁荣其他地区做出应有贡献。习近平强调，"欢迎大家搭乘中国发展的列车，搭快车也好，搭便车也好，我们都欢迎，正所谓'独行快，众行远'"②，发展的中国将为共同价值的全球认同、为人类命运共同体的构建不懈努力。

中国倡导全球事务应由各国共同治理。自《威斯特伐利亚和约》签署以来，主权国家成为国际交往的基本行为主体。不可否认，在 21 世纪的全球治理过程中，主权国家为应对全球性问题在维护国家核心利益的前提下让渡出部分权力。但在未来相当长的时期内，主权国家仍是国际社会的基本组成。当今世界，人类面临着各种各样的全球性危机。毋庸置疑，包括恐怖主义等在内的国际问题的解决依赖于全人类的共同努力。事实上，全球治理的现实推进远没有想象中的乐观。特朗普上台后不久即宣布退出《巴黎协定》，延续了美国在全球气候治理方面一贯的消极态度。究其原因，无非是全球治理的深入推进会造成美国全球霸权的进一步丧失。由此可见，零和博弈的国际定性思维的摒弃，合作共赢观念的深入人心仍需不断努力。习近平强调："全球事务应该由各国共同治理。"③近年来尤其是进入新世纪以来，以中国为代表的发展中国家为

---

① 习近平.在庆祝中国共产党成立 95 周年大会上的讲话[N].人民日报，2016-7-2(02).

② 习近平.守望相助，共创中蒙关系发展新时代——在蒙古国国家大呼拉尔的演讲[N].人民日报，2014-8-23(02).

③ 习近平.共同构建人类命运共同体——在联合国日内瓦总部的演讲[N].人民日报，2017-1-20(02).

人类社会的发展贡献良多。而便于发达国家尤其是超级大国攫取利益是二战后国际秩序的突出特征,广大欠发达国家在既有体系中的前行显得步履维艰。无数发展事实已经证明:"共同体的变迁深刻影响着人类的前途和命运。"①生活实践中,人类社会的命运在事实上由少数国家把控,各国在牵涉全球共同利益的议题上并不享有相应话语与规则制定权。换言之,霸权逻辑在现行国际框架中仍横行无阻,包容性缺失成为现存国际秩序的主要弊病。因此,建立充分反映国际力量对比变化的崭新国际秩序,成为摆在人类发展面前的紧迫课题。

中国主张国际交往中应坚持"义利并行"的原则。长期以来,片面追求单方利益最大化被奉为国际交往的"圭臬"。追根溯源,"马基雅维里主义"为此种原则提供了理论支撑。马基雅维里将政治与伦理分离,推崇"为达目的不择手段"的政治信条,其后衍生的"马基雅维里主义"更是对自我现实利益强调到了无以复加的地步,强调"'国家理由'原则的一般实践,即以一切必要的手段,需要的话就以最不道德的手段追求政治目的,特别是权势政治目的"。② 一直以来,尽管个别现实政治争斗与权利倾轧极为残酷复杂,但作为政治伦理导向的"马基雅维里主义"对人类的整体发展显然弊大于利。在现实国际交往中,各国追求自身利益具有正当合理性。但如果缺乏整体性思维,不注重国际交往的"政治伦理"之"义",作为"虚幻的共同体"③的国家往往会给别国甚至人类命运带来灾难。人类要在文明之路上继续前行,需进一步摆脱"马基雅维里主义",摒弃民族优越论、民族极端主义等狭隘思维。共同价值倡导各国在国际交往中坚持义利并重、义利共行。但共同价值不是对现实利益的否定,恰恰相反,其实际推进必然以人类利益共生点为基本前提。在追求与构建美好世界的实践中,"中国共产党人和中国人民完全有信心为人类对

---

① 陈曙光.人类命运与超国家政治共同体[J].政治学研究,2016(6):49-59,126.

② 迈内克.马基雅维里主义——"国家理由"观念及其在现代史上的地位[M].时殷弘,译.北京:商务印书馆.2008:404.

③ 马克思,恩格斯.马克思恩格斯文集(第1卷)[M].北京:人民出版社,2009:536.

更好社会制度的探索提供中国方案"①。

人类文明演进过程中,中华民族曾长期处于世界领先地位。近代以来,正是由于观念封闭、闭关锁国,中国才在世界之林逐渐落伍。新中国成立尤其是改革开放以来,受益于发展观念的变迁,中华民族在复兴之路上行且益坚。历史之势,浩浩荡荡;顺之者昌,逆之者亡。居于现代社会,固步自封只能造成封闭落后,与世隔绝也早晚给民族发展带来灾难。新中国社会主义建设的推进特别是1978年以来的改革开放发展格局,不仅让中国实现了自身发展,更让发展的中国为世界繁荣作出重要贡献。回顾近代以来的世界发展进程不难发现,资本主义大国的崛起总是伴随着战争、掠夺与殖民。日益接近民族复兴的社会主义中国,不会也不可能再走资本主义列强的称霸老路,而是要推动世界各个国家在全球治理中实现"合作共赢"。

三、走向以凝聚共识为底蕴的新型国际秩序

自2018年2月起,美国陆续开始对进口自中国的多种商品加征关税。由此,本来就在全球格局中占据重要位置且影响重大的中美关系更加成为全球瞩目的焦点。中国采取了极为克制的态度并一贯主张双方通过协商谈判解决贸易争端,但美国领导人及政府反复无常的态度,给双方经贸等领域的关系带来诸多变数。即使中美通过贸易谈判达成相关的文本协议,美国限制中国发展的政策在短期内也很难有根本性的改变。譬如,美国政府以国家安全为由非法制裁中国企业且非法限制中国公民自由。其实,执意挑起"中美贸易战"只是美国长期以来霸权主义行径的一个缩影,也反映了当前国际格局中美国一家独霸的特点。二战以来,美国通过发布《年度国别人权报告》等多种手段不断干涉着包括中国在内的其他主权国家的内政。基于此,通过回顾近代以来全球格局的演变特点,既可以全面总结世界霸主竞相交替所引发的严重恶果,也可以

---

① 习近平.在庆祝中国共产党成立95周年大会上的讲话[N].人民日报,2016-7-2(02).

对现有国际格局的弊端进行理性分析。更重要的在于,我们可以从历史总结与现实分析中思考国际格局的未来走向,体认凝聚共识的现实意义,即人类是延续你方唱罢我登场的霸主轮换游戏,还是理性地走向命运与共的人类共同体模式。

(一)国际霸主竞相交替是近代以来世界格局演变的最突出特点

世界近代史既是地理大发现以来世界交融程度逐渐加深的历史,也是资本主义制度生成并在全球范围内得到确立的历史。特别需要指出的是,重商主义的历史传统,加上冒险精神与地理位置优势等助力资本主义发展的多种因素,成就了西欧在世界近代史中的特殊地位。

随着经济实力的日益增强,西欧资产阶级愈发难以忍受封建阶级的压迫并与其展开了正面对抗。在16世纪的尼德兰地区,商业贸易发达、宗教气氛宽容,然而当时的西班牙封建统治者腓力二世为了打击新兴资产阶级却展开了近乎疯狂的利益掠夺与宗教压迫。于是,尼德兰地区率先开展资产阶级革命并取得胜利,建立起荷兰共和国。在其他地区依然是封建专制制度的情况下,荷兰依靠资本主义的体系性优势,迅速推进以海上贸易为代表的工商业,其最终成为世界近代史以来第一个全球意义的霸主。此后,资本主义的商业活动的逐渐兴盛促使英国、法国等国家相继建立起资本主义制度。全球贸易活动中的业务重合与冲突,引发了英国与荷兰之间日益激烈的斗争,两国最终走向通过战争夺取海上贸易霸权的道路。其间,英国通过颁布《航海法案》,依靠前后进行的四次大规模海上战争才确立起自己的世界霸权。取代荷兰成为世界霸主之后,英国顺势在世界各地建立起庞大的殖民地和港口贸易体系。与此同时,欧洲商贸及工业的飞速发展也带来示范效应,直接刺激了其他欧洲国家相继建立起资本主义政权。

在维护世界霸权的过程中,英国既要应对来自法国等强国的挑战,又要满足本土王室、资产阶级上层等权贵阶级的利益攫取需要,而通过向殖民地征收重税等形式则是其维持霸主地位的最为有效手段。经济上的掠夺与政治上的压迫,引起了殖民地反抗情绪的日渐积累。其中,隶属于英国的北美洲殖民地就因不堪重压而掀起轰轰烈烈的民族独立运动。同时,随着资本主义作为政治制度在欧洲的普遍确立,欧洲各国尤其是欧洲大国在殖民地等利润丰厚领域的竞争也愈发白热化。在英属北美殖民地,当地民众一方面展开武装反抗,另一方面则巧妙地利用法国等国家同英国在殖民地等问题上的尖锐矛盾而争取他国支持。最终,远离英国本土的北美殖民地获得独立,美国得以建立起独立的民族主权并快速成长为资本主义世界体系中的重要一极。到了 19 世纪末期,包括美国在内的各主要资本主义国家已经在殖民地划分、世界贸易等领域的矛盾变得十分尖锐,最终引发了改变世界格局的两次世界大战。

第二次世界大战后,美国依靠自己在两次世界大战期间积蓄的优势一跃取代了英国在资本国家群体中的领导者地位。而苏联由于在二战中的巨大贡献获得了空前的国际影响力,相应地成为社会主义国家阵营中的实际领导力量。此后直至 20 世纪 90 年代,美国与苏联都渴望获得世界霸权,双方在经济、军事、意识形态等领域展开了激烈的争夺霸权的斗争。由于两次世界大战的惨痛教训,加上核裂变武器、核聚变武器等超级武器的持有,美苏双方都不敢轻易发动热战争。尽管期间各自所支持的势力之间爆发了局部性冲突,但总体而言双方没有进行武力对抗性质的直接冲突。在美苏争夺全球霸主的过程中,世界陷入了长达 40 余年的冷战格局。最终,由于经济社会体制日益僵化、当权者蜕变成特权阶层、外部势力和平演变等多种因素导致的苏联解体,在事实上宣告了冷战的完结。从此,"国际社会由美苏两极对抗变成了美国主导的单极格局"①,美国在冷战结束之后如愿地成为世界上唯一的超级大国。

通过分析不难发现,全球霸主竞相交替是近代以来国际格局演变的最突出特点。而世界霸主的轮转给人类社会发展带来了难以估量的负面效应。

第一,全球争霸必然招致"热战或冷战"的严重后果。尤其在早期资

---

① 狄英娜.冷战后"人道主义干涉"与美国霸权[J].思想理论教育导刊,2017(11):65-69.

本主义列强相互争夺全球霸权的过程中,大规模的海上与陆上战争更是成为各国的常态化对抗手段。20世纪中叶之后,军事科技的飞速发展使得核武器等战争利器的绝对破坏力越来越大,美苏之间的争霸之所以采取"冷战"方式进行与此密切相关。冷战之后,美国为了维护其全球霸主地位,虽然没有发动大规模的侵略战争,但地区性的小范围热战争作为必要手段在其维护全球霸权的过程中仍被大量运用。仅仅联合国安理会没有授权而美国擅自发动的地区性战争,就先后有科索沃战争、阿富汗战争、伊拉克战争、利比亚战争等,而"战乱的根源和始作俑者就在于帝国主义和霸权主义"①。至于形式多样的"冷战",更是成为美国打压被其定位成竞争或潜在竞争对手的手段。具体到经贸利益摩擦、地区安全事务等领域,美国更是依靠其掌控的众多资源,动辄对其他国家实施经济或军事制裁。

第二,全球争霸往往会加重人类社会的分裂与对立。自《威斯特伐利亚和约》签订以来,主权原则成为国际关系中的最重要法则。全球争霸涉及的双方或多方主要为不同的主权国家。由于争霸双方或多方在对抗过程中多采取恶意诋毁对手等宣传手段,各民族国家的民众通常会受到较大程度影响,敌对情绪因此加剧。而随着争霸过程的白热化的战争更是带给不同民族之间伤痛,酿成了不同国家之间的历史仇怨。总之,在全球争霸的过程中,国家层面的对立往往会演化为民族、国民之间的互相敌视,其必然会造成全球社会的分裂,从而给被牵涉各国的民众带去物质与情感等多方面的伤害。

第三,全球争霸总是给人类社会的发展注入更多不确定性。回顾近代以来世界格局的演变可以发现,一国在争霸过程中尽管也鼓吹实现本民族发展繁荣,但其最终目标或是为了直接巩固自身已有的霸主地位或是为了实现自身的快速发展而取代原霸主成为新的霸主,而牺牲掉的是整个人类社会的利益。在霸权主义思维的影响下,人类社会无法实现真正的和平进步,且总是充满各种不确定因素。首先,霸权国总是压迫其

---

① 丁冰.从奥巴马国情咨文看美国的霸权主义[J].福建论坛(人文社会科学版),2015(8):5-9.

他民族国家,掠夺其他国家地区的自然资源和社会财富。如此一来,尽管霸权国可以在发展水平处于世界前列,但受压迫和剥削的国家则失去了发展的宝贵资源和财富。特别是在早期全球霸主的殖民活动中,亚非拉地区的广大民众甚至付出了宝贵的生命。其次,由于霸权主义奉行并在国际社会灌输"权力至上"思维,其他国家也会觊觎霸权国的地位从而让人类社会陷入霸主争夺的恶性循环。而世界近代史以来的霸主争夺,无一例外地演变为国家之间的全面对抗。此外,霸权主义还信奉零和思维影响。霸权主义认为已有的大国同新兴国家之间必然会陷入权力争夺的局面,因此霸权国总是不遗余力地疯狂打压新兴国家,从而给地区和世界发展导入诸多不确定性。

(二)当今世界的霸权主义国际格局不符合人类文明的前行逻辑

特朗普在第 45 任美国总统任期内,虽然与前任总统在多项国内外政策等方面大相径庭,但在霸权主义方面却延续了美国的一贯传统。尤其是其在宣传美国的内政及全球化理念时,直接祭起了"美国利益绝对优先"的大旗,霸权主义的面目昭然若揭。商人出身的特朗普,在处理国际事务过程中显露出"精打细算"的秉性。一方面,在号称应对贸易逆差的过程中,其对包括欧盟、日本等传统盟友在内的相关国家大打出手。另一方面,在美国应当承担国际责任的诸多领域,任性地退出多个国际组织,其中除排他性的跨太平洋伙伴关系协定之外,还有在全球治理方面发挥重要作用的巴黎协定、联合国教科文组织、联合国人权理事会等。特朗普在与相关各方进行"贸易战"的过程中,态度咄咄逼人,其目标并非是同各国断绝贸易往来关系。针对不同的目标国家,美国抛出了相应的订制型解决方案,针对欧盟、日本等,则要求它们增加从美国进口相关商品的力度。针对中国等国家,美国则提出了无条件接受单方面加征关税的无理要求。总之,美国通过强迫而非平等协商的方式要求相关各国为其贸易逆差买单。至于在全球治理方面不断退出各种全球性组织,美国的理由更是五花八门,或是因为缴纳会费过多,或是缘于其没有受到"公正"待遇。

特朗普连任失败,拜登就任美国第46任总统之后迅速宣布,美国将重新加入巴黎协定并停止退出世界卫生组织。但拜登在就职后相关讲话中也直言,将追求"恢复美国的世界领导地位"。

可以看出,美国从二战结束后就没有放弃过其霸权主义的国际政策。其间苏联虽然试图与美国抗衡,日本也一度试图挑战其全球经济霸主的地位,但在各种竞争的过程中美国最终保持了其全球霸主的地位。

美国之所以选择全球霸权的政策,首先基于其自身的强大资本力量。"经济实力是一国获取权力的主要资源,也是基础性资源"①,历史上的美国之所以能取代英国成为全球霸权,就是在两次世界大战期间通过各种方式积累了大量资本,二战结束的美国在GDP、工业产值、黄金储备等方面遥遥领先于其他国家。如今,美国依然拥有世界上最为强大的资本力量。按照世界银行公布的2017年各国经济发展情况,美国目前经济总量约占世界经济总量的1/4。换句话说,作为资本主义国家的美国拥有比其他任何单个国家体量都多的资本。而资本以实现自我增值为最终目标,霸权主义的本质其实就是资本对全球的支配权力。为了追求更大的利润空间,美国总是想方设法地运用各种手段在全球各个角落不断地攫取利益。

美国之所以选择全球霸权的政策,还与其本国的历史文化、与其对世界历史发展走向的错误判断密切相关。作为典型的西欧移民国家,美国自然受到欧洲国家发展模式的影响。在实现民族独立之后,其也模仿资本主义早期列强通过领土扩张、殖民掠夺等方式实现了自身的逐步崛起,"早在殖民地时期,以门罗主义为代表,美国政府就把自己的外交政策看做是符合并代表全人类利益的政策"②。在发展过程中,美国既目睹了宗主国英国身为全球霸主期间享有的种种特权,也通过自身实力的积聚亲自夺走了英国的全球霸主宝座。因此,当下的美国更加注重通过

---

① 余丽.构建中国和平发展战略 应对美国霸权衰落[J].世界社会主义研究,2017(6):43-47,95.

② 杨玲玲.美国霸权主义的演变过程[J].理论导报,2014(12):63-64.

多种渠道防止自身霸主权力的流失。近年来,以中国为代表的发展中国家发展迅速,为经济全球化的健康运行与世界经济的持续增长作出了重要贡献,而霸权主义却将成长中的新兴国家视为心腹大患。尤其是特朗普上台以来,美国政府通过种种贸易保护主义措施不断设置障碍,提高了全球贸易的交往成本。贸易霸凌主义"并不关心国民的经济福祉"[①],其首先伤害的是美国人民的自身权益,因为本国人民在"逆全球化"政策的实施过程中失去了享有物美价廉商品的机会。贸易霸凌主义同时还阻碍了全球贸易的正常发展进程,阻塞了经济全球化的时代发展潮流,"不利于世界经济的复苏和增长"[②]。经济全球化是人类生产力水平提高的必然发展趋势,任何妄图切断全球发展潮流的行为既不会得逞更不会成功。同时,信奉社会达尔文主义的美国还认为资本主义制度是宰制全球的最优制度,认为全球霸主的出现是世界格局发展的必然结果。

然而,由美国所确立的霸权主义国际格局给人类发展带来的影响却远不如其在各种国际场合所宣扬的那般美好。恰恰相反,霸权主义国际格局危害巨大,引发了多种全球性问题,其不符合人类文明继续前行的逻辑。

当今的世界格局首先造就的是全球发展的南北失衡。霸权主义奉行的是自我中心战略。美国以自我为中心,拉拢其盟友,打造出一个"绝对中心—次级中心—外围依附"的全球秩序网络。南北发展的问题固然有历史原因,但更加现实的因素是当前的国际格局不利于发展中国家的崛起。全球中心是一个固化稳定的存在,具有强烈的排他性,全球运行秩序以满足美国等发达国家的需求为优先选择。如此,中心区域的发达国家理所当然地将自身利益视为全球利益的绝对代表,通过秩序建构、资本控制等方式固定后发国家的依附地位。霸权主义以牺牲其他地区的发展为直接代价以实现其在全球格局中的特权享有,与共同价值所倡导的人类整体进步主义精神背道而驰。即人类要实现的进步应当是各

---

① 罗伯茨.自由放任资本主义的失败[M].秦伟,译.北京:三联书店,2014:154.
② 何自力.美国发动贸易战凸显其霸权主义本质[J].红旗文稿,2018(17):18-21.

个民族国家的共同发展,以牺牲其他国家利益为代价而获取的特权式发展的模式应当遭到彻底摒弃。

其次,霸权主义还是导致当今世界充满动荡的主要原因。在和平状态中,人们可以不再为人身安全等问题而担心,从而能够把更多的智力与精力放在促进生产力发展的方面。而美国奉行的霸权主义政策,导致了欧洲、亚洲等多个地区的动荡与安全问题。如美国的野蛮干涉,使得原本就存在历史、宗教矛盾的中东地区形势更加复杂。再如,美国在其盟国境内部署各种先进的武器系统,威胁到其他地区的安全与和平。另外,美国滥用国家安全名义对中国企业实施无理制裁,干涉中国南海问题,向中国台湾地区进行军售等,给东亚地区的发展与和平制造了极大隐患。总之,霸权主义与人类的和平发展格格不入,只会给当今世界带来动荡与不安。

再次,霸权主义还引发了人类不同文明在当代的直接冲突。各个民族国家由于历史文化、宗教信仰、自然禀赋的差异,孕育出特色各异的地区文明。不同文明类型之间只是特点不同,它们对一些现象的看法可能会存在差异,但不能以此为依据在不同文明之间划分优劣等级。霸权主义实际上倡导的是民族优越论,其不仅在世界格局方面鼓吹中心—边缘观,同时还在多元文明之间鼓吹高等—劣质论,并将以上论调宣扬成人类发展过程中演进与淘汰的社会规律。实际上,文明蕴藏的是人与人之间、人与自然之间的相处智慧,不同文明都是人类文明的重要组成,它们尽管在文化特色上各有千秋,但在追求真善美的层面又多有相通之处。历史发展早已证明,人类文明之所以能够持续向前正是由于不同文明之间的思想启迪与智慧交流。

(三)未来的国际格局必然走向新型国际秩序

通过总结不难发现,近代以来国际霸主的竞相交替曾经给人类社会带来了深重的历史灾难。而现有的霸权主义国际格局同样导致了南北发展失衡、世界动荡不安、不同文明冲突的可怕后果,其显然已成为影响全球治理健康持续发展的最主要障碍。因此,霸权主义既不应被视为维

持国际格局的最佳选择,更不应被视为历史发展的"金科玉律"。处于
21 世纪初期的人类应该何去何从呢？毋庸置疑,中国提出的以共同价
值为底蕴的人类命运共同体为当代人类命运的现实改善提供了更好的
方案选择。

实际上,在当今的世界格局中,已经存在着形态多样的共同体。比
如,有以促进全球经济稳定持续发展为目标的 G20 集团,还有以确保自
身绝对安全为目标的军事联盟——北大西洋公约组织。再如,有发达国
家组成的 G7 集团,有新兴经济体国家组成的金砖国家组织,有广大发
展中国家组成的 77 国集团。当然,按照共同体内部的紧密程度进行区
分,世界上不仅存在着内部结构比较紧密的共同体,如欧洲联盟；也有内
部关联比较松散的主权国家联合,如非洲联盟。同时,也有以某个具体
议题为价值联结的共同体,如红十字国际委员会、国际绿色和平组织、国
际矿业联盟等。

由此可以看出,形态各异的共同体在价值追求方面也有所不同。人
类命运共同体显然不同于上述一般意义的共同体,其作为中国方案的
"核心内涵是中国对解决全球性问题的系统性看法和主张"[①]。人类命
运共同体以共同价值为底蕴,关涉的是人类现实命运的改善与未来命运
的发展方向,它追求的是人类整体利益的实现,是对霸权价值观主导国
际格局的全面性价值超越。

凝聚共识倡导共赢,主张摒弃霸权主义私利至上的价值逻辑。霸权
主义将自我利益置于他者利益之上,在现实中建立起了"中心—依附"的
基本国际格局。人类命运共同体理念并不否认国家对正当合理利益的
追求,但同时主张一国在实现自身发展的同时应承担相应国际责任,最
终实现各个国家的共同发展。在追求发展繁荣层面,发展中国家与发达
国家应享有同等权利。当然,人类命运共同体不是号召发展中国家集合
起来反对发达国家,相反,人类命运共同体以发达国家和发展中国家的

---

① 张发林.全球金融治理体系的演进:美国霸权与中国方案[J].国际政治研究,2018(4):3,9
-36.

包容性共同发展为基础。人类命运共同体在全球发展过程中倡导"优势互补"，即各个国家充分发挥各自已有优势，发达国家在资金、技术等方面拥有优势，而发展中国家则在市场、劳动力等方面拥有优势，彼此在互联互通的合作进程中才能实现发展共赢。同时，发达国家不应利用自己的资金、技术等优势限制干扰发展中国家的正常发展节奏，各国追求民族繁荣的发展权利均应得到切实尊重。

凝聚共识倡导和平公正，主张摒弃霸权主义暴力至上的价值逻辑。人类命运共同体主张各个主权国家一律平等，倡导建构平等公正的国际格局。实际上，人类命运共同体倡导的是国际格局的"去霸权化"。霸权主义有一套自我辩解的理论主张，它认为国际格局需要强势国家，需要世界警察，需要绝对主导者。于是，在霸权国家维护其霸主地位的过程中，暴力威胁、暴力战争、暴力干涉成为最为其常用的手段，而由于暴力本身的巨大破坏力与恐吓效应，霸权主义往往能取得其想要的效果。全球霸主总是将自身等同于公平正义的化身，故意混淆公平正义的本来含义，将暴力手段塑造为维护所谓的"公平正义"的最主要手段。人类命运共同体主张摒弃霸权性暴力，还公平正义以本真，主张真正维护人类发展利益、真正坚持共同价值的国家才应赢得国际社会的尊重、获得国际权威，而动辄依靠暴力手段的霸权国家则应遭到国际社会的共同批评与唾弃。

凝聚共识倡导共同协商，主张摒弃霸权主义独断跋扈的价值逻辑。在国际事务的处理方面，霸权主义固执地坚持全球霸主或者以霸主为中心的少数国家集团享有最终话语权。甚至在相关国家不在场的情况下，霸权方就跋扈地做出对其他国家影响重大的决议。而人类命运共同体倡导国际事务应由相关国家共同协商，其在本质上是对霸权主义的纠偏。全球共同事务应由世界各国共同商议决定，意味着相关国家均应享有充分的参与权与话语表达权。霸权主义指责国家之间的相互协商会导致国际秩序的无序，本质上不外乎是对自我主导与自我中心地位的片面强调。共同价值为各个国家在协商的过程中处理国际事务确立了基本的价值规范，有助于人类社会形成真正合理有序的国际秩序，即各国处理国际事务时应根据事情本身的是非曲直进行而并非忌惮某些国家的干扰性霸权。

凝聚共识倡导包容共生,主张摒弃霸权主义的"普世文明"价值逻辑。霸权主义国家将自己定位成救世主,认为人类必须依靠其带领才能走向最终的"普世文明"。实际上,"普世文明"与"普世价值论"如出一辙,是全球霸主维护其霸权的意识形态说辞。"普世文明"具有很强的虚伪性,就连身处其间耳濡目染的西方思想家也曾直言不讳地道出:"普世文明的概念有助于为西方对其他社会的文化统治和那些社会模仿西方的实践和体制的需要作辩护。"[①]"普世文明"的本质是西方文明优越论,而共同价值则主张各种文明相互包容,共生共荣。

需要指出的是,进入21世纪以来,尤其是2008年金融危机爆发以来,美国操控国际秩序的霸权能力有所下降。此外,发展中国家在现代化发展方面取得了较大成就,特别是新兴经济体已成为推动世界经济增长的主力军。随着国际力量对比所发生的此消彼长,各个国家的独立自主意识越来越成为一种自觉,而霸权主义无疑会在今后的国际秩序演进中受到更多的批判和抵制。事实上,以共同价值为底蕴的人类命运共同体并非主张同霸权国进行暴力冲突,而是倡导对现有国际格局进行逐步优化与完善。二战以来,按照《联合国宪章》所体现的和平发展等共同价值建立起良善国际秩序,是世界各国人民的夙愿。当前,人类社会的"一体化"程度越来越高,和平发展力量的持续增长使得霸权主义的势力受到各种层面正义力量的客观制约。因此,实现国际秩序的和平过渡不仅拥有现实的依靠力量,更具备世界各国人民道义和情感的支持基础。

由此可见,霸权主义同人类命运的当代改善背道而驰,从霸权主义国际格局走向人类命运共同体是人类社会发展的必然趋势,同时也是共同价值嵌入全球治理的逻辑演进结果。促进世界生产力的发展是各国人民共同的价值愿望与客观需求。尽管各个国家在现代化进程中的发展程度存在客观差距,但同样面临着继续发展的现实任务。而构建人类

---

① 亨廷顿.文明的冲突与世界秩序的重建[M].周琪,等译.北京:新华出版社,2010:45.

命运共同体，就是要以共同价值为导引推动世界生产力的整体发展，促进全球生产关系的不断调整与逐步完善。世界各国在全球治理的过程中应该真诚相待、彼此合作，不断根据实际情况调适自己在全球化进程中的角色与分工，以促成现代化处于动态平衡的良性状态。全球化进程中产生的问题最终要靠全球化的持续推进来加以解决，个别国家不能因在全球化进程中感到自身霸权受到威胁就以拒斥全球化的举措阻碍人类生产力整体进步的客观趋势。摒弃霸权主义从而走向新型国际秩序，必将成为世界各国人民的共同价值选择。

第六章　凝聚共识对创新发展的贡献

　　全球治理的完善,既表现在其作为理论形态的不断丰富,又体现为其作为实践形态的现实建构。凝聚共识具有丰富理论内涵与强烈现实观照,可以在理论优势、现实推进、整体构建三个维度有助于全球善治的发展。具体而言,全球善治的时代特质在于其当代性,凝聚共识重点关注的同样是当代人类的整体发展利益,可见凝聚共识首先在利益属性的维度有助于全球善治理论优势的发挥。其次,"一带一路"发展理念与凝聚共识具有内在契合性,作为实践样态的"一带一路"建设有助于全球善治构建的现实推进。再次,凝聚共识不仅回答了全球善治构建的内容,而且规范着全球善治的发展方向,以凝聚共识为导向的全球善治整体性的构建,可以丰富 21 世纪马克思主义的核心理论范畴、拓展 21 世纪马克思主义的研究视域、充实 21 世纪马克思主义的理论蕴含。

一、凝聚共识有助于创新发展的中国方案发挥其理论优势

　　中国对全球治理的参与远远超越了物质性公共产品供给的阶段,已经进入探索向国际社会贡献思想性公共产品的新层面。[①] 全球善治在发展向度上以共产主义理想为方位判断与努力方向,但共产主义社会以资本主义的灭亡为基本前提,而全球善治是在资本主义与社会主义两种

---

　　① 陈洪玲,潘飞宇.中国方案应对全球挑战的优势[J].高校马克思主义理论教育研究,2021(3):41-48.

制度共处的时代条件下阐发的共同发展理论。全球善治的时代特质在于其当代性，凝聚共识重点关注的同样是当代人类的整体发展利益。发挥与增强全球善治的理论优势，应立足于当代的时空场域，注重坚守全球善治的马克思主义理论基础，深度阐发中华民族复兴与人类命运当代改善的根本利益一致性，持续回应人类重大利益关切。

（一）创新发展中国方案的时代特质

全球善治在发展向度上以共产主义理想为方位判断和努力方向，又与共产主义理想存在鲜明区别，即作为创新发展中国方案的人类命运共同体"并不承载社会形态演化、社会制度演变的任务"[①]。

不可否认，人类命运共同体是当代中国在对马克思主义理解更加成熟的前提下做出的时代理论创新，共产主义理想则是马克思主义对社会有机体的未来构想，二者之间确实存在理论关联，即人类命运共同体承继了共产主义理想——改善人类命运的崇高使命。马克思强调指出"问题在于改变世界"[②]，说明科学理论的伟大之处不仅在于其能够充分解释现实世界，更在于其具备指导人类社会发展的思想引领力。共产主义理想的实践样态，正是以无产阶级作为革命的领导主体，协力建设出一个没有压迫、没有异化的自由人联合的共同体制度，从而实现人类命运的彻底改善。人类命运共同体是在现当代的时空场域中，为解决南北发展不平衡、数字鸿沟等一系列人类难题而做出的改善人类命运的现实努力。此外，人类命运共同体还继承了共产主义理想注重利益供给的逻辑理路。共产主义理想的实现以生产力极大发展为基本前提，是在利益供给端有充足准备的社会形态。人类命运共同体强调发展与共赢，一方面通过亚投行、"一带一路"倡议等项目增加利益供给，同时还倡导"共赢、共享"的理念以实现利益分配端的公平合理，从而为其实际构建打牢现实根基。

---

① 张雷声.唯物史观视野中的人类命运共同体[J].马克思主义研究，2018(12)：29-37，161.
② 马克思，恩格斯.马克思恩格斯文集(第1卷)[M].北京：人民出版社，2009：502.

　　同时,人类命运共同体同共产主义理想也存在鲜明区别。首先,二者存在的前提明显不同。对马克思主义有所了解的人都不会否认,共产主义理想是马克思关于未来社会的宏观性叙事描述。在《共产党宣言》中,共产主义社会的一般特征得到了阐扬,其"并不是要废除一般的所有制,而是要废除资产阶级的所有制"①。由此可见,共产主义社会的存在与发展以资本主义制度的消亡为基本前提,而人类命运共同体是在资本主义与社会主义时空并存的条件下提出的关涉人类社会发展的宏观构想。其次,二者的发展程度显著不同。共产主义理想是解放程度最高的社会形态,是共同体发展的最高层级。而人类命运共同体无论从解放的实现程度来看,还是从共同体发展的层级进行分析,都属于中间层次。从人类命运共同体向共产主义社会的跃迁过程中,可能还会出现其他过渡性质的共同体样态。

　　因此,与其说人类命运共同体将共产主义理想引向现实,不如说人类命运共同体是人类为趋近共产主义理想而作出的时代努力;与其说人类命运共同体是将来时的伦理承诺,不如说人类命运共同体是致力于改善人类命运并付诸实践的当代理念。实际上,人类命运共同体具有强烈的问题意识,它的提出与实践,都与当前人类面临的全局性难题密切相关,是努力回应人类当代关切的描述性与建构性兼具的发展理念。

　　自二战以来,在以联合国为核心的国际秩序规范中,人类已历经70余年的和平时光,但威胁和平的因素从来未曾远离且在当今时代依然不可小觑。面对中国的正当发展与和平崛起,某些超级大国时至今日却固执地信奉"新冷战思维",将和平崛起的中国污蔑为"洪水猛兽",不惜动用各种非正常手段打压遏制中国。仔细分析不难发现,"霸主惯性"的定性思维是此类国家不断制造纷争与事端的真实动因。因此,只有摒弃零和博弈的二元对立思维,才能真正实现世界的长久和平。人类命运共同体倡导并致力于实现全球安全。当前,威胁人类安全的各种因素也日益多样。如近来在法国频发的恐怖主义事件、欧洲的难民危机、中东的宗

---

①　马克思,恩格斯.马克思恩格斯文集(第2卷)[M].北京:人民出版社,2009:45.

教争端、部分国家面临的分裂主义、全球传染性疾病等都是威胁各国与地区安全的现实因素。人类命运共同体倡导并致力于实现人类共同发展。纵观全球，人类的未来发展同样面临诸多不确定性。尤其是近来"逆全球化思潮"的暗流涌动，给世界经济局势带来更大风险。不过需要指出的是，随着全球化的深入，各国的利益具有较强程度的交互性。因此，只有各国共同协商应对，人类才能走向共同繁荣。奉行贸易孤立主义，草率地发动所谓"贸易战"，用强权与经济恐吓而不是贸易规则维护自身地位，只会给全球发展带来更大危害，最终的结局必然是自食其果。

一段时间内，"文明冲突"成为世界范围的流行词汇，曾经不同程度地影响了各国的政策指向。不过，世界历史的发展一再证明：文明的多样性促进人类的相互交流，最终推动了历史发展和人类进步。事实上，各种文明都是人类伟大的劳动果实，它们之间相互平等。基于此，中国始终如一，坚持倡导各种文明之间共生共赏共鉴，而并非灌输"文明对抗"。人类命运共同体思想倡导并致力于推动全球生态治理合作。随着人类发展生产力水平的提高，全球正在遭遇有史以来最严重的生态危机。长期以来，以工业化为典型代表的现代化给人类生活带来了极大便利。与此同时，人类对自然资源认识、开发与利用的成熟老练却带来各种难以估量的负面效应。最为严重的是，人类赖以生存的最基本要素，如空气、水等都遭受到污染。因此，人类需要在共同呵护生存环境的基础上谋求发展，从而探索出更加符合历史规律的现代化道路。

作为应对当今世界复杂局势的全局性理念，人类命运共同体是在回答"世界怎么了、我们怎么办？"的人类命运之问时中华民族为世界贡献的中国智慧与中国方案。任何具有现实意识的人都不会否认，当今世界的基本格局是：一球两制，资强社弱。人类命运共同体的提出是基于资本主义与社会主义国家同处一个空间的事实，其理论初衷与现阶段目标并不是为了对抗或消灭资本主义。人类命运共同体倡导主权平等，主张各个国家"都有权自主选择社会制度和发展道路"①,倡导尊重各个国家为提高本国人民生活水平作出的积极努力。人类命运共同体是一个内涵丰富的理论体系,涵盖政治、安全、经济、文化、生态等多个维度。在人类命运共同体的实际建构过程中,中国将始终致力于"推动建设持久和平、普遍安全、共同繁荣、开放包容、清洁美丽的世界,让人类命运共同体建设的阳光普照世界"②。

厘定人类命运共同体的时代特质,首先可以理直气壮地阐明人类命运共同体同共产主义理想的关联。即人类命运共同体在发展向度上确实以共产主义理想为方位判断与努力方向,从而明确人类命运共同体的理论指南与智慧源泉。此外,还可以实事求是地言明二者的鲜明区别。即共产主义社会以资本主义的灭亡为基本前提,而人类命运共同体是在资本主义与社会主义两种制度共处的时代条件下阐发的共同发展理论。因此,不能简单地把人类命运共同体等同于共产主义理想,把人类命运共同体理解为"拯救资本主义劳苦大众"的政治口号,视为中国对资本主义国家实行"红色革命输出"的前奏。此种论调与人类命运共同体的理论创新初衷是相悖的,甚至是人类命运共同体从开始提出时就试图竭力避免的。

(二)凝聚共识关注当代人类的整体发展利益

凝聚共识在全球善治的大背景得到提出,也需要在全球善治的视域下得到诠释。为追求人类整体发展利益提供了价值规范,它倡导各个国家在追求本国利益时兼顾他国利益,主张通过合作的方式实现共赢,其核心要义是真实地代表人类的整体发展利益、真实地维护当代世界各国人民的根本利益,它主张各个国家在发展过程中处理好本民族与其他民族、本民族与人类整体之间的复杂利益关系。

---

① 习近平.共同构建人类命运共同体——在联合国日内瓦总部的演讲[N].人民日报,2017-1-20(02).

② 习近平.在第十三届全国人民代表大会第一次会议上的讲话[N].人民日报,2018-3-21(02).

　　近年来尤其是党的十八大以来,中国以更加积极主动的态度和行动参与全球治理。此次新冠肺炎疫情全球防控期间,中国不断加强同世界卫生组织以及各国之间的抗疫合作,始终为推动新冠疫苗成为全球公共产品而不懈努力。反观国际关系场域中,抗疫不利甩锅行为、霸凌主义行径之所以屡见不鲜,就在于某些大国奉"拳头决定一切"为圭臬,漠视人类道义和大国担当,将自身霸道地凌驾在联合国体系之上。正是中国,始终以知行合一的言与行切实维护联合国以及联合国宪章宗旨和原则的权威,致力于推动建立更加公正合理的新型国际秩序。言必信,行必果,中国目前已经向多个国家和国际组织提供大量防疫物资,切实以自身负责任行动全力支持联合国及世卫组织在疫情抗击过程领导作用的发挥。此外,中国成为疫情发生以来第一个实现经济正增长的主要经济体。通过倡导构建人类卫生健康共同体,中国为全球抗疫贡献东方智慧;通过构建以国内大循环为主体、国内国际双循环相互促进的新发展格局,中国正在并一如既往地为世界经济复苏提供强劲动力。

　　"生活决定意识"①是历史唯物主义的一般性原理,即思想总是"物质生活过程的必然升华物"②。即是如此,思想创新仍然具有非凡的现实意义,它们总是能够引领人类进步的方向、加快人类的文明演进速度。但任何理论创新都不能游离于时代之外,不能脱离现实的利益关系,否则就容易使自己陷入悬置的境地。共同价值是中国根据时代条件与国际环境的发展变化,在马克思主义的指导下,基于华夏优秀文化基因的启发,汲取人类优秀文化成果而提出的理论创新。随着人类分工与协作的发展,人类整体发展过程中的共同利益越来越"不是仅仅作为一种'普遍的东西'存在于观念之中"③,而是愈发成为现代人类社会的深刻现实。作为时代性的马克思主义理论创新,共同价值立足于现实的利益关系之上,其真实地代表人类的整体发展利益、真实地维护世界各国人民

---

①　马克思,恩格斯.马克思恩格斯文集(第1卷)[M].北京:人民出版社,2009:525.
②　马克思,恩格斯.马克思恩格斯文集(第1卷)[M].北京:人民出版社,2009:525.
③　马克思,恩格斯.马克思恩格斯文集(第1卷)[M].北京:人民出版社,2009:536.

的根本利益,主张各个国家在发展过程中处理好本民族与其他民族、本民族与人类整体之间的复杂利益关系。

在人类全面步入共产主义社会之前,即生产力极大丰富与人类道德水平全面提高之前,特殊利益与普遍利益之间总是存在不同程度的对立。于是在人类文明的不同阶段,多种多样的思想体系都试图登上历史舞台,发挥自身在利益调节方面的缓和作用,即以普遍性形式的方式将自己装扮为普遍利益的代言人。马克思就毫不避讳地言明,在阶级社会的更替过程中,企图夺得统治权的阶级总是"赋予自己的思想以普遍性的形式,把它们描绘成唯一合乎理性的、有普遍意义的思想"①。由此可见,仅仅从形式上并无法甄别某种思想是否真实地代表着人类普遍利益。社会主义与前社会主义思想之间的本质区别在于:社会主义理论体系真实地宣扬且代表了全人类的普遍利益,它致力于通过人类实践推动人类普遍利益的最终实现,而前社会主义的各种理论则总是虚假地将自己包装成普遍利益的代言人并且在实际行动中裹足不前。

凝聚共识即是社会主义理论的重要时代性范畴。自人类进入世界历史阶段以来,尤其是在当代的时空场域中,世界人民确实在客观上存有关乎整体发展的共同利益。如随着经济全球化的不断深入,各种资源在世界范围内的流通给人类生活带来前所未有的便利。凝聚共识同样承认不同国际主体之间的利益矛盾,但它主张将利益冲突限定在可控范围内,提倡通过平等竞争、贸易谈判等有序形式加以解决。凝聚共识反对以侵害他国利益为由贸然发动贸易战,更加反对以自身利益为借口实施战争、掠夺等极端暴力行为。

不仅如此,凝聚共识还主张建构更具公共性的当代人类生活。尽管人类社会并不存在诸如"原始社会、奴隶社会、封建社会、资本主义社会、社会主义和共产主义社会的线性依次更替普遍规律"②,但社会生活的

---

① 马克思,恩格斯.马克思恩格斯文集(第1卷)[M].北京:人民出版社,2009:552.
② 陈锡喜.什么不是马克思主义——教条主义话语还是马克思主义核心观点的辨析[J].探索与争鸣,2014(9):38-42.

公共性与人类进步呈现正比例的递增关系却是不争事实。原始社会的人们尽管共同劳作与参与成果分配,但毕竟彼时的生产力水平极为低下,社会生活的公共性还极为有限。此后直到资本主义社会,人类社会的共同性水平在逐步提升,但内在矛盾成为资本主义社会生活公共性所难以突破的障碍。这也意味着在当代构建更具公共性的当代人类生活,需要共同价值对当代人类整体利益的理论描述,更需要共同价值在人类改善当代生活的过程中发挥价值共识的凝聚作用。

(三)发挥创新发展中国方案维护当代人类整体发展利益的理论优势

作为人类文明创新发展的中国方案,人类命运共同体的时代特质在于其当代性,作为其底蕴的凝聚共识不仅解释了人类整体发展利益在当代的深刻现实性,更主张建构具有高度公共性的当代人类生活。发挥与增强人类命运共同体的理论优势,同样应该以凝聚共识的理论指明和建构主张为重要支点,指出人类命运共同体只有坚守马克思主义理论基础才能代表人类整体发展利益,深度阐发中华民族复兴与人类命运当代改善的根本利益一致性,在诠释人类命运共同体的过程中持续回应人类重大利益关切。

首先,坚守人类命运共同体鲜明的马克思主义理论基础。世界上没有抽象的马克思主义,只有具体的马克思主义。马克思主义只有在与具体实际相结合的过程中才会显示出其本身的巨大理论威力。人类命运共同体,正是中国深刻洞察当今时代现实,以马克思主义为思想引领所提出的原创性理念,是马克思共同体思想的当代逻辑延续。马克思对共同体的使用较为宽泛,既有微观意义上的描述,如"婚姻共同体",又有宏大意义上的叙事,如"城市共同体"。不过,这并不影响我们研究其共同体思想的一般性规律。在马克思的理论叙事中,按照社会交往规模的不断演进,先有个人,然后是家庭或氏族,而后才是共同体的出现与发展。按照共同体自身的发展层次,人类的发展则先后经历部落(天然)共同体、宗教共同体、政治共同体、自由人联合体(完美共同体)。之所以将前共产主义共同体的特征描述为"虚假"或者"冒充",是因为这些共同体总是阶级压迫的外在表现形式，那么对被压迫阶级来说，此类共同体自然是虚假的，是具备压迫功能的共同体组织形式。所以马克思才在消极意义上对国家进行了描述："正是由于特殊利益和共同利益之间的这种矛盾，共同利益才采取国家这种与实际的单个利益和全体利益相脱离的独立形式，同时采取虚幻的共同体的形式。"①

为了真正解决特殊利益与共同利益之间的矛盾，马克思始终将追求解放贯穿于共同体思想之中。即便是马克思对共同体最高形态的向往性描述，也是按照解放的实现程度进行的，"在真正的共同体的条件下，各个人在自己的联合中并通过这种联合获得自己的自由"②。按照马克思的共同体思想进行分析，人类命运共同体显然处于政治共同体向自由人联合体的过渡，是虚假共同体向真正共同体的过渡阶段。虽然在发展阶段上有历史的客观限定，人类命运共同体思想同样以人类解放为追求宗旨。然而解放并不是一蹴而就的，它是一个客观的历史过程，是一个人类逐渐摆脱外在束缚与各种异化力量的现实历程。历史的发展持续并且正在证明，人类的命运要由世界各国人民共同掌握，而人类命运的当代改善更是离不开世界各国人民共同努力。因此，人类命运共同体不是否认矛盾的空想或臆想。恰恰相反，它直面并批判当今世界包括霸权主义、民粹主义、恐怖主义等在内的客观问题，同时还致力于以上问题的解决。人类命运共同体倡导的和平发展、合作共赢、共同繁荣，目标是在现有时代条件下提升人类整体生产力水平，是为人的自由全面发展创造更为有利的外在条件，"人类命运共同体的弘扬与实践是对人类解放的当代现实促进"③。可见，只有坚持马克思主义的理论基础，人类命运共同体才能始终保持代表人类整体发展利益与维护世界各国人民根本利益的共同价值本真。

其次，深度阐发中华民族复兴与人类命运当代改善的根本利益一致

---

① 马克思,恩格斯.马克思恩格斯文集(第1卷)[M].北京:人民出版社,2009:536.
② 马克思,恩格斯.马克思恩格斯文集(第1卷)[M].北京:人民出版社,2009:571.
③ 桑建泉,陈锡喜.人类命运共同体与自由人联合体理论关系新论[J].青海社会科学,2017(6):7-14.

性。新中国成立尤其是改革开放以来，中国人民的购买能力不断增强，物质生活水平稳步提高。与此同时，中国"大而不强"的国家地位日益得到改变，越来越靠近距离民族复兴的目标。不过需要指出的是，中国人民今天的幸福生活并非空手得来，而是中国人民夙兴夜寐、辛勤劳作的结果。此外，中国以巨大的责任感，在世界经济增长乏力的大背景下为全球经济发展作出不可磨灭的巨大贡献。当前，关于"中国威胁论"的论调甚嚣尘上。究其原因，不过是某些别有用心者根据所谓的"历史发展规律"故意散播的主观臆断。纵观早期资本主义国家的崛起之路，无不与侵略战争、军火贸易密切相关。于是，某些西方学者就理所当然地判定，守成大国与新兴大国之间必然会陷入"修昔底德陷阱"。然而，只要深入分析就会发现此种论点之于中国而言的荒谬性。

今天的中国，既没有客观条件更没有主观意愿条件再去复制这条血腥之路。从当前的国际格局来看：世界多极化的格局已经基本形成，尤其是随着地球的唯一性与脆弱性不断被世界人民所了解，谁再发动与挑起征战，谁就会成为世界人民的公敌。再从中国的基本国情进行分析：自从近代开始，中国就不断饱受战争与侵略的折磨。尤其是在第二次世界大战中，中国无论在经济损失还是人员伤亡方面，都遭受与其他各国相比更大的损失。可以说，战争已经让中华民族经历了难以承受之重。此后，正是在国际和平与稳定的大环境中，中国才实现了自身的发展，所以说中国比任何一个国家更有理由珍视与捍卫和平的国际环境。不过需要强调的是，如果某些国家执意挑衅中国的国家底线、故意侵害中国的国家利益，中国完全有能力进行反击从而捍卫自身利益。至于中国本身的社会主义制度内嵌，更加决定了中国是和平发展的坚定支持与实践者，决定了"中国共产党是为中国人民谋幸福的政党，也是为人类进步事业而奋斗的政党"①。所以说，中华民族的复兴与人类命运的当代改善在根本上具有一致性。

---

①　习近平.决胜全面建成小康社会　夺取新时代中国特色社会主义伟大胜利——在中国共产党第十九次全国代表大会上的报告[N].人民日报,2017-10-28(01).

再次,在诠释人类命运共同体的过程中持续回应人类重大利益关切。当前,尽管全球发展形势总体向好,但人类在发展过程中依然面临不少难题,各种世界性的重大关切亟待具有世界担当的理论与实践回应。人类在当代发展进程中遭遇的贫富分化、贸易摩擦、恐怖主义与生态危机等难题,归根结底与发展问题密切相关。实质上,各个国家在迈向现代化的过程中都曾不同程度地经历过各种各样的发展问题。不同的是,有的国家已经探寻到了适合本国发展的路径,而有的民族依然在追寻现代化的道路上迷失。中国所创议的人类命运共同体,正是本国多年来成功发展经验的无私阐发,它无疑为其他国家的现代化路径选择、为人类重大关切的解决提供了一种可能的参考与借鉴。

其一,坚持以人民为中心的价值导向。纵观人类发展历程,有生存导向的发展模式,有奴役导向的社会制度,直到资本主义在全球范围的不断扩张,资本导向的发展模式才逐渐在世界范围内确立了势力范围。随着历史进步,资本导向发展模式的盲目逐利性弊端日益暴露,而以人民为中心发展道路的优越性则越来越彰显。所谓人民立场,就是坚信人民是物质与精神财富的真正创造者,国家在发展过程中始终把人民发展放在"目的因"位置,坚持以人民为中心进行发展成果的正义分配。其二,坚持开放发展的价值选择。随着人类社会交往的深入,开放越来越成为当今世界的生活方式。资金、人才、商品等各种要素在世界范围内的流通,在整体上给世界带来发展与进步。开放意味着合作,意味着共同发展。坚持开放发展,以有序竞争和平等协商为基本原则,人类才会取得共赢。其三,坚持多边主义发展的价值原则。多边主义注重国际交往过程中的平等、尊重与合作,反对霸权主义和强权政治。多边主义的交往原则可以有效保持国家相处时的张力,能够有效扩宽国家发生摩擦时的矛盾缓解区,形成保持国际秩序动态平衡的运行机制。在当今的国际社会中,国家之间大小有区别,实力也有强弱,但各个国家在主权意义上相互平等。中国历来主张,国际事务应该由各国平等协商,具体到实际的国际关系处理,中国更是秉持以诚相待,始终把其他国家看作发展伙伴。由此可见,以共同价值为底蕴的人类命运共同体倡导当今时代的各个国家和平共处、共同繁荣,从而最终共享美好未来。

二、"一带一路":创新发展中国方案的实践样态

凝聚共识追求的发展是全球性普惠发展。多年来,在各方共同努力下,从谋篇布局的"大写意"到精致细腻的"工笔画",共建"一带一路"成果丰硕,正逐步从理念到行动,从中国实践到国际共识,现已成为范围最广、规模最大的国际合作平台和深受欢迎的国际公共产品。[①] 作为中国倡导的世界性发展关切,"一带一路"无疑是凝聚共识的实践样态。在发展理念维度,"一带一路"与凝聚共识具有内在契合性,即传承丝路精神可以增进共同价值的当代认同,秉持丝路"精神"能够丰富共同价值的时代内涵。此外,"一带一路"在目标维度致力于践行共同价值。习近平强调,"一带一路"是"推动构建人类命运共同体的中国方案"[②],坚持以凝聚共识为引领,才能持续推动"一带一路"在未来的健康发展,也才能更好地推动人类文明的创新发展。

(一)"一带一路"发展理念与凝聚共识的内在契合

"一带一路"既是中国打造全面开放新格局的重要举措,又是沿线各国共同构建人类命运共同体的重要探索与实践;"一带一路"建设不仅是中华民族复兴的重要机遇,还是构建开放型世界经济的国际合作平台。显而易见,"一带一路"的发展理念与凝聚共识相契合。作为实体性合作项目的"一带一路"虽然由中国提出,其发展成果却不是一方"私有"而是由参与各方所共享,随着发展的不断深入"一带一路"必将惠及全球人民。

---

① 宋伟,贾惠涵.高质量共建"一带一路"的成就、挑战与对策建议[J].河南社会科学,2022(1):89-98.

② 赵超,安蓓.习近平在推进"一带一路"建设工作5周年座谈会上强调 坚持对话协商共建共享合作共赢交流互鉴 推动共建"一带一路"走深走实造福人民[N].人民日报,2018-8-28(01).

1.传承丝路精神有利于增进凝聚共识的当代认同

古代丝绸之路是中国与西方世界经贸文化往来的重要通道,代表着人类开放发展的高度。虽然其与经济全球化之后的人类世界性交往不可同日而语,但其在人类交流融合发展史上的意义不可低估。特别是古代丝绸之路给人类留下了弥足珍贵的精神财富,即以"和平合作、开放包容、互学互鉴、互利共赢为核心的丝路精神"[①]。当代中国提出的"一带一路",固然是对古丝绸之路在商品种类、关联区域、合作深度等方面的重大创新。但"一带一路"在承继古代丝绸之路发展符号的同时,应在新的时代条件继续传承丝路精神。

传承丝路精神之中"和平合作"的相处之道。"谦让恭逊、以和为贵"是华夏儿女的优秀民族品格,是中华民族的理念追求。此一民族品格和理念在潜移默化中影响着中华民族的对外交往。正是通过协议、约定等契约形式,中华民族"和合并育"的包容性文化得以不断传播实践并影响睦邻。在人类漫长的古代史中,暴力征服的交往模式曾带给普通民众无尽灾难。而和平合作相处之道的施行,却能泽被各方。因此,和平合作能在古丝绸之路运转时蔚然成风。中国的张骞、郑和,西方的马可·波罗等历史名宿皆是和平合作的亲历者。正是和平合作相处之道的持续践行,为古丝绸之路赢得跨世盛誉。

传承丝路精神之中"开放包容"的博大胸怀。"和而不同、求同存异"充分体现出国人开放包容的心态。辐射地域广泛、海陆齐头并进、往来人员纷繁,使得开放包容的古丝绸之路起到民族交往、文明互通等多重复合功能。历史上,古丝绸之路为外来民族在华夏领域的交融、海外宗教在中国的传播提供平台。由此,中华民族开放包容的胸怀得到鲜明体现。尽管沿线各国的语言、风俗、肤色等外在要素迥然有别,宗教信仰、历史文化等内在积淀也大有不同。但形态各异的文明在交流中得以不断发展,不同民族在融合中取得共同进步。

---

① 习近平.携手推进"一带一路"建设——在"一带一路"国际合作高峰论坛开幕式上的演讲[N].人民日报,2017-5-15(03).

传承丝路精神之中"互学互鉴"的交流沿袭。"见贤思齐、择善而从"反映出中国人对待其他文明的态度。一部古丝绸之路史就是一部学习互鉴史，交通运输、民族艺术、天文地理、宗教伦理等的相互融合，深刻影响了世界历史的发展进程。借助古丝绸之路，西方向中国输送了饮食、衣料等在内的丰富生活产品。同样，中国的"四大发明"，儒家、道家思想也深刻增益了西方民众的知识认知。可以说，古丝绸之路既承载贸易互通的功能，又担当文化交流的重任。更为重要的是，互学互鉴使得交流各方的视野更加开阔，生活观念、发展理念也随之发生更易。

传承丝路精神之中"互利共赢"的发展要义。"兼济天下、美美与共"流露出中华儿女的道义担当。古丝绸之路不仅使得沿线国家能够文明互鉴、互通有无，还让先进技术与文化便利了更多民众的日常生活。得益于商品、人员的不断交流，古丝绸之路带来的效益也由各方共享。兴盛时期的古丝绸之路成为当时经济发展、文明交流的大动脉。世界历史上著名的汉唐盛世、罗马古国等文明勃兴，都与古丝绸之路存在密切关联。显而易见，古丝绸之路在丰富民众物质精神文化生活的过程中取得了互利共赢的效果。

古代丝绸之路凝结的丝路精神与凝聚共识旨趣相通，二者共同服务于人类社会的发展进步。中华民族自古就有心系人类发展、关怀人类命运的天下情怀。早在中国古代，勤劳智慧的华夏儿女就创造性地开辟出将世界各地民众联结起来的古丝绸之路，为人类文明演进做出不可磨灭的贡献。今天中国提出"共同价值"，同样是希望促进当代人类的普惠性发展。以"和平合作、开放包容、互学互鉴、互利共赢"为核心的丝路精神，在当今时代依然彰显着强大吸引力和生命力。"一带一路"具体实践与凝聚共识美好愿景的统一，"既是中国和谐文明传统的结晶，也是其对未来人类社会的一种阐释"[①]。因此，继承并弘扬丝路精神，是推进"一带一路"建设的必然选择。更为重要的是，坚守和平合作的相处之道、心

---

① 明浩."一带一路"与"人类命运共同体"[J].中央民族大学学报(哲学社会科学版)，2015(6)：23-30.

怀开放包容的博大胸怀、遵循互学互鉴的交流沿袭、恪守互利共赢的伟大传承,是凝聚共识历史底蕴不断增加且逐步深入人心的过程。

2.秉持丝路原则有利于丰富凝聚共识的时代内涵

"一带一路"是具体的合作倡议与实体建设,其"秉持的是共商、共建、共享原则"[①]。推进"一带一路"建设,需要传承丝路精神,也离不开丝路原则的秉持。凝聚共识不仅提倡生产力发展的正面增长,同样在经济增长的基础之上关注发展的普惠性与共赢性。即凝聚共识不仅关注发展,同样关注如何实现发展,实现何种意义的发展。因此,在"一带一路"建设过程中秉持丝路可以有效拓展凝聚共识的时代内涵。

首先,"一带一路"建设需秉持共商原则。共商,即共同商议。共商意味着在发展目标的制定、发展路径的实施、发展利益的分配方面,各个参与主体享有平等的代表权与发言权。作为东方文明"和衷共济"智慧的具体表现,共商原则之下的"一带一路"坚持文明互鉴,充分兼顾各文明主体的切身利益和现实需求。[②] 具体到"一带一路"倡议,其重大决策并非由某个国家单独做出,而是由各个参与国在平等协商的基础上共同达成。换言之,"一带一路"虽然由中国提出,却并不排外。"一带一路"重点面向沿线亚欧非国家,同时欢迎其他国家积极参与投资融资、基建服务等。

其次,"一带一路"建设需秉持共建原则。所谓共建,是指沿线国家在参与"一带一路"建设时科学合理地发挥各自作用。"一带一路"建设需要沿线国家的支持,更离不开沿线国家的切实参与。共建作用的发挥不是简单的明确分工,而是政策对接与优势互补。参与各国有的在资金、技术方面优势突出,有的则在劳动力、自然资源方面长处明显。正是通过"一带一路"平台的协调与整合,参与各方的特长与优势得以有效发挥。需要指出的是,"一带一路"不是对原有区域合作机制与平台的代

---

① 习近平.迈向命运共同体 开创亚洲新未来——在博鳌亚洲论坛 2015 年年会上的主旨演讲[N].人民日报,2015-3-29(02).

② 詹小美."一带一路"文明互鉴的关系共演[J].内蒙古社会科学(汉文版),2016(6):1-6,213.

替,更不是对既存区域政治经济秩序的颠覆;其要义在于为沿线各国提供发展的载体、贡献合作的平台。"一带一路"建设"将成为推动全球经济治理结构转型的试验地"①,为区域和全球性经济合作创新探索新机制,积极发挥共赢合作平台的正面示范与引领效应。

再次,"一带一路"建设需秉持共享原则。共享,即"一带一路"的建设成果由各个国家共同享有。"一带一路"共享效应带来的不仅是"中国与其他发展中国家之国际经济地位的集体跃升"②,同时也为沿线国家实施现代化国家治理奠定了物质基础。同时,随着发展效应的不断外溢,世界其他国家与人民均能享受到"一带一路"的成果,届时他们会摆脱观望与偏见从而更加自觉地加入到"一带一路"的共同建设中。共享是共同价值的基本理念之一,既指发展理念的共享,又指物质成果的共享,但共享不是平均主义。共享原则的施行,应以参与各方的贡献大小为标准,同时充分兼顾公平。将共享理念贯穿"一带一路",不仅要共同分享协同合作中产生的共同物质利益,还要共同分享研究成果、技术、管理、文化等精神产品。

丝路原则中,共商是前提、共建是路径、共享是目标。其中,坚持共商原则才能充分调动参与各方的共建积极性;共商、共建原则的实施,又必然要求共享这一奋斗目标的具体落实。共商、共建、共享的原则,既是"一带一路"倡议的时代精神,更是凝聚共识的时代内涵。

(二)"一带一路"在目标维度致力于践行凝聚共识

大道至简,实干为要。"一带一路"倡议是否落地生根,关键在于付诸实践。"一带一路"建设是凝聚共识的实践样态,是构建人类命运共同体的现实举措。"一带一路"建设,布局合理、路线清晰,目标是建成"和平、繁荣、开放、创新、文明"的丝绸之路。

"一带一路"为践行凝聚共识贡献实践空间。和平是人类安身立命

---

① 陈伟光,王燕.共建"一带一路":基于关系治理与规则治理的分析框架[J].世界经济与政治,2016(06):93-112,158-159.

② 孙伊然.亚投行、"一带一路"与中国的国际秩序观[J].外交评论,2016(1):1-30.

以不断发展进步的必然要求。和平为发展提供稳定环境,为发展的勃兴供给广阔空间,在共同体演进中发挥重要功用。"一带一路"是和平发展的代名词,没有和平的外部环境就没有"一带一路"从理念到实践、由倡议到行动的瞩目成就。和平发展是共同价值的重要内涵。作为和平发展模式的典型示范,"一带一路"的推进即是和平理念普照人心的过程,对人类和平发展、对人类共同体的通达意义重大。摒弃暴力,珍视和平是现代理性人的基本认同。[①] 然而,和平之路的建设依然任重而道远。试看"一带一路"沿线国家,恐怖主义的滋扰仍然时有发生、中东地区依然战乱频仍。实施"一带一路"倡议,可以为沿线国家的发展注入新动力,有助于从根本上解决和平发展所面临的种种问题。让和平之光驱散笼罩在发展上空的阴霾,需要"一带一路"参与国家及世界人民的共同协作与努力。

"一带一路"为践行凝聚共识贡献发展基础。繁荣是人类发展过程中的共同价值追求。"一带一路"不是空洞的口号,其目标是通过产业、金融、设施等领域发展打造出繁荣的区域共同体,从而不断迈向人类命运共同体。毋庸讳言,人类文明进程中遭遇的困境,归根到底跟发展存在密切关联。以恐怖主义为例,表面上看它由宗教理念、民族习俗间的尖锐冲突酿成,实际上,地区发展边缘化、极端贫困化才是恐怖主义滋生的根本原因。区域发展失衡导致游离于现代文明之外的部分群体对主流社会产生排斥感、对立感,他们进而在自我存在意义消解这一虚假意识的主导下采取共同毁灭的极端手段。由此,采取多种发展措施,进一步激活发展潜力,让繁荣成为"一带一路"的内在嵌入是化解当今社会诸多发展瓶颈的根本之道。"一带一路"的推进,既有顶层设计,又有民意支持。基础设施兴建、融资募资开发、政策沟通互联,都是促进地区及人类繁荣的有力举措。随着"一带一路"建设的深入推进,其联动发展的势能会得到进一步显现,其繁荣之路的凝聚力与吸引力也会更加凸显。

---

① 桑建泉,陈锡喜.命运共同体理念的政治文明内蕴及其意义[J].中州学刊,2017(2):1-6.

"人类命运共同体"生动地呈现了中国的"世界梦"[①]。国家、地区间联系在"一带一路"的勾连下将会更加密切,共同价值的实践在繁荣之路的推动下将"步稳而蹄疾"。

"一带一路"为践行凝聚共识贡献运行机制。历史和现实都已充分证明:开放是人类社会发展进步的必由之路。在可预见的未来,人类社会越来越成为开放的发展共同体。开放是人类命运共同体的运行机制。作为发展理念,尽管开放并非一开始就被人们所广泛认同并接受,但其仍然凭借促进生产力发展的优势赢得大多数人青睐。现代社会,产业越来越趋于精细化,分工也日益细密,由此决定了封闭发展与现代属性的格格不入。新型全球化是开放的全球化。[②] 人才、技术、资金的流动成为全球经济发展的新常态,贸易自由更是成为世界经济发展的新风尚。现代经济已经成为名副其实的开放型经济。近段时间以来,虽然逆全球化暗流涌动,但世界经济开放发展的基本趋向不会改易。只有通过开放型经济平台的不断塑造、开放型经济模式的不断丰富,利于各方发展的利益共同体、命运共同体才能得以构建,共同价值才能不断生根落地。

"一带一路"为践行凝聚共识贡献内在动力。创新是人类发展进步的内生动力。"一带一路"承继古丝绸之路的内在蕴含,却不是对古丝绸之路的简单复制。发展"丝绸之路经济带"与"21世纪海上丝绸之路"是构建人类命运共同体的重要实践,是结合时代特点与环境变化进行的一项伟大实践创新。在"一带一路"的深入推进中,创新可以源源不断地供给发展动力。如今,一场新兴科技革命正在悄然改变人类生活方式。发展条件的变化对我们提出了新的要求:既要利用新科技革命为丝绸之路的发展创造机遇,更要实现丝绸之路与科技的深度融合。即通过创新要素的集成运用,让"一带一路"成为科技丝绸之路、数字丝绸之路。此外,在发展模式的选择上,"一带一路"决不能走传统工业化的老路。坚守绿色发展理念,打造可持续发展的丝绸之路,是建设创新之路的必然要求。

---

① 阮宗泽.人类命运共同体:中国的"世界梦"[J].国际问题研究,2016(1):9-21,133.

② 卫玲."一带一路":新型全球化的引擎[J].兰州大学学报(社会科学版),2017(3):23-29.

不断创新合作方式、创新融资策略,能够为"一带一路"发展保驾护航。以创新引领"一带一路"建设,关键在于创新人才的智慧与才华能够得到发挥。因此,引进创新人才、打造创新环境、培育创新储备以滋养创新活力,显得尤为迫切且重要。创新发展的归宿是全体人民的发展[①],是共同价值期许的美好愿景实现。

"一带一路"为践行凝聚共识贡献新型交往样态。文明是"一带一路"的内在价值属性。由于自然地理、人文环境的客观差异,地球孕育了多种形态的文明。"一带一路"途经65个国家和地区,沿线地区风土人情各异,不同文明的邂逅与交流就成为必然。尽管内容各异,文明本质间却无高低优劣之别。文明是人类对美好生活的孜孜不倦追求。人类命运共同体视域下,中国特色社会主义的世界意义之一就在于其"对人类文明发展道路多样化的肯定而非否定,为人类文明发展提供了新资源"[②]。人类文明相处的正确之道在于相互尊重、取长补短,而非彼此攻讦、嘲弄讥讽,更非一较高下、相互替代。民心相通是"一带一路"建设的社会基础。[③] 显而易见,"一带一路"不单单是经贸之路,其更是沿线各国交往的民心之路与人文之路。从共同价值的视角而言,文化、民心等文明要素的沟通更具有基础性意义。在21世纪的新时代,教育合作、智库联盟等平台的不断增加,不同文明的取长补短,必然使得"一带一路"与人类命运共同体的凝聚共识底蕴不断得到充实与丰富。

达至"一带一路"建设的目标,和平是保障,繁荣是基础,开放是方法,创新是动力,文明是属性。五种要素在"一带一路"推进过程中相辅相成、缺一不可。和平之路、繁荣之路、开放之路、创新之路、文明之路的建成,是人类命运共同体状态的通达。由此可见,"一带一路"建设的目标实现过程就是凝聚共识的践行过程,也即人类命运共同体的构建过程。

---

① 胡鞍钢,张新.创新发展:国家发展全局的核心[J].中共中央党校学报,2016(2):107-112.

② 陈锡喜."人类命运共同体"视域下中国道路世界意义的再审视[J].毛泽东邓小平理论研究,2017(2):87-92,109.

③ 李自国."一带一路"愿景下民心相通的交融点[J].新疆师范大学学报(哲学社会科学版),2016(3):67-74.

（三）以凝聚共识引领"一带一路"的未来发展

"一带一路"倡议自实施以来，中国与"相关国家的货物贸易额累计超过 5 万亿美元，对外直接投资超过 600 亿美元，为当地创造 20 多万个就业岗位"①。仅 2018 年全年，"中国对沿线国家进出口总额 83657 亿元，对沿线国家非金融类直接投资额 156 亿美元，沿线国家对华直接投资额 64 亿美元"②。随着"一带一路"在未来的深入发展，更多的国家将会融入此项合作倡议。"一带一路"的未来发展需要继续坚持凝聚共识的引领，进而不断将构建人类命运共同体落到实处。

1. 坚定通达自信

"一带一路"倡议的实施具有长期性与复杂性，坚持价值引领才能坚定通达自信。建设"一带一路"，既有现实困难，更有利好因素。如在项目合作实施过程中，国家合作能否成功在相当程度上取决于契约精神的遵守程度，但这也意味着项目在具体实施中可能存在的巨大伦理风险。尽管如此，合作机制的日益健全、法律规范的不断完善依然为"一带一路"发展提供巨大施行空间。同"一带一路"建设相比，人类命运共同体的建构更是长期且艰难的奋斗过程。对此，我们要有充分估计与准备。需要指出的是，正视人类命运共同体推进过程中的多种问题，并非片面夸大构建进程中遇到的客观困难。可以预见，个别发达国家的刁难、部分国家的冷漠是人类命运共同体建设中所不可避免的。实际上，提出此项中国方案，本身就是"中国制度自信的一种表现"③。在总体向好的趋势下，命运共同体的推进可能还会存在部分反复。面对此种情况，我们应以科学态度看待人类命运共同体的发展境遇：既不能妄自尊大，要脚踏实地，实事求是；也不应妄自菲薄，需充分认识人类社会发展的必然趋

---

① 本报评论员. 推动构建人类命运共同体的重要实践平台——论学习习近平总书记在推进"一带一路"建设工作五周年座谈会重要讲话[N]. 人民日报, 2018-08-28(01).

② 盛来运. 经济运行稳中有进 转型发展再展新篇[N]. 人民日报, 2019-3-1(12).

③ 虞崇胜, 余扬. 人类命运共同体：全球化背景下类文明发展的中国预判[J]. 理论视野, 2016(7)：25-29, 48.

势。人类命运共同体既是发展理念,更是当代实践,正是在凝聚共识的精神领航下,人类才能够不断迈向获得感与幸福感俱增的共同体生活状态。

2.立足共同利益

共同利益是凝聚共识的追求,是人类命运共同体的存在基础,立足共同利益才能增强人类命运共同体的现实根基。人类命运共同体不单为发展理念,其更是涵盖实体落地项目等重大举措的现实方略。"一带一路"无论在理念层面还是现实层次,都使得人类命运共同体共同价值的底蕴更加具象化。马克思曾深刻指出:"思想一旦离开利益,就一定会使自己出丑。"[①]构建人类命运共同体,利益共同体是最基础层级。随着"一带一路"建设的切实推进,中巴经济走廊等示范项目的外溢效应将得到进一步凸显,从而产生更加普遍的利益交汇点。对参与各方而言,"一带一路"既能产生各方高度共鸣的现实利益,又能反映各方潜在的未来利益需求。习近平指出:"冷战结束后,各方最殷切的诉求,就是扩大合作、共同发展。"[②]目前,沿线各国正在通过大型项目合作等形式,增强"一带一路"的现实普惠力。通达人类命运共同体,要以促进各国现实发展、增进人类共同利益为基本前提。构建人类命运共同体,既是共同利益驱动下参与各方的现实追求,又是参与各方一致追求的理想分配方案。人类命运共同体是人们对美好生活的不懈追求,是人们对未来生活的美好愿景,需要参与各方的共同携手努力。利益既是奋斗动力,又是奋斗目标。打造惠及各方的利益共同体,需要多方联动:即通过政策沟通、设施联通、贸易畅通、资金融通、民心相通等五大工程的实施,密切共同体的内部关联,从而巩固命运与共的利益事实。

3.提升文化内涵

"一带一路"建设中,增进凝聚共识认同的过程也是提升文化内涵的

---

① 马克思,恩格斯.马克思恩格斯文集(第1卷)[M].北京:人民出版社,2009:286.
② 习近平.共同构建人类命运共同体——在联合国日内瓦总部的演讲[N].人民日报,2017-1-20(02).

过程。文化是民族的血脉、民族的记忆,文化刊录着民族发展历程。同单纯的经济交往不同,文化间一旦进行交流与融合,取得的成果往往更具持久性。"一带一路"归根到底是民心工程,其能否获得持续发展,既依靠顶层设计、政府沟通,更取决于沿线民众的支持力度。目前为止,"一带一路"之所以得到国际社会的高度评价,获得沿线国家的积极回应,就在于其代表的文化内涵同各国的发展需求及文化属性相契合。"一带一路"文化内蕴着对人类共同命运的深刻关切,文化共同体正随着丝路建设的不断推进呼之欲出。当然,目前还远不能说"一带一路"文化共同体已经形成。但毫无疑问,合作共赢、互利互惠的丝路文化底蕴正赢得世界大多民众的不断价值认同。通过与"一带一路"文化底蕴的相通共融,人类命运共同体的文化内涵不断得以提升。既有中国传统文化"兼济天下"的情怀、"和合共生"的内在意蕴,又有马克思主义对人类解放的不懈追求与坚持,同时还代表着人类对共同价值的关注与追求,人类命运共同体"表达了中国与各国共生共通的存在样态和共建共享的真诚愿景"①。多重文化的交融与共,为文化共同体由可能向现实转化提供价值基础。文化共同体的构建,能够为各种价值观、发展观、伦理观提供对话场域,为凝聚发展共识、文明共识贡献载体。总之,提升文化内涵、构建文化共同体,对人类命运共同体的打造大有裨益,是放飞人类命运共同体的发展之翼的必然之举。

4.完善国际格局

完善全球经济秩序在内的国际格局,有利于为人类命运共同体建设提供可靠的环境保障。人类命运共同体以凝聚共识为底蕴,是"引领和规范人类朝向平安、幸福、美好新生活的价值航标和价值动能"②。自提出以来,国际社会对人类命运共同体的认可度不断加深,联合国多份决议更是将人类命运共同体写入其中。由中国所主办的世界政党大会之

---

① 杨宏伟,刘栋.论构建"人类命运共同体"的"共性"基础[J].教学与研究,2017(1):91-96.

② 王泽应.命运共同体的伦理精义和价值特质论[J].北京大学学报(哲学社会科学版),2016(5):5-15.

所以能够取得巨大成功,与作为会议主题的人类命运共同体赢得全球广泛认同密切相关。不过,推进人类命运共同体同样面临现实国际困境,需要对世界格局进行继续完善。其一,推动经济全球化再平衡。资本主义在世界市场的开辟过程中,曾依靠暴力杀戮、野蛮掠夺的方式完成早期积累。二战后,意识形态斗争的加剧,使得社会主义国家被排斥在西方世界市场之外。20世纪70年代以来,由于国际局势的变化,社会主义国家开始不断融入经济全球化的潮流。至此,经济全球化出现暂时性平衡。进入新世纪以来,随着新兴市场国家、发展中国家的迅速崛起,既有国际经济秩序的不合理之处日益显现。在现存经济全球化生态中,资本主义的法则即弱肉强食"明规则"依然畅行无阻。至于资本及技术垄断、歧视排外、零和博弈等现象在当今国际社会更是屡见不鲜。与此不同,倡导合作共赢的"一带一路"致力于塑造新型经济全球化,对推动国际经济秩序再平衡意义重大。其二,打造新型国际安全格局。当今世界并不太平,安全失序的风险仍然存在。国际上,网络危机、恐怖主义、极端势力是安全格局的有力威胁。此外,国际安全格局还受到集体安全观的现实挑战。以美国为首的西方集团,为了自身利益,采取萨德等军事手段不断提升自身技术安全层级。与此相应,其他国家的正常战略空间、主权领土安全则遭受严重威胁。事实上,任何国家在网络安全、恐怖主义、极端势力、集体安全观的面前都难以独善其身。因此,各个国家必须采取相互合作的形式建立国家安全新格局。中国提出的"人类命运共同体"思想,不以意识形态划界,更加不片面追求单方安全利益最大化,是完善国际安全格局的中国方案。

5. 发挥公共效应

共享借助公共效应得以落实,既是凝聚共识的内在蕴含,也是人类命运共同体的追求目标。在"一带一路"重大倡议的施行过程中,公共工程的运行最能凸显公共属性。以基础设施为代表的公共工程不仅能服务于当地生产生活,还可以服务于世界共同发展。公共工程可以涵盖各国共同利益,是寻求利益交汇、达成利益共识的最佳选择。优势力量的集中、协同效应的发挥，为"一带一路"公共工程的推进提供得天独厚优势。"一带一路"是中国奉献给世界的合作倡议与公共产品。[①] 正是在服务沿线民众的过程中，在惠及世界的经过中，"一带一路"的公共属性得以不断彰显，其公共效益得以持续增强。人类命运共同体的构建同样如此。丝绸之路经济带、21世纪海上丝绸之路、亚洲基础设施投资银行等重大举措倡义，均内蕴着鲜明的共享的价值意蕴。参与各方的协同合作，为人类命运共同体公共效应的持续发挥奠定基础。从发展维度审视，公共效应在人类命运共同体的内部互动联系与整体架构稳定方面发挥着重要支撑作用。

和平赤字、发展赤字、治理赤字，是建设"一带一路"过程中的客观困难，也是构建人类命运共同体过程中的现实困境。当今国际，世界和平仍然面临着各种威胁。传统安全问题尤其是非传统安全问题增加了全球危险爆发的随机性与可能系数。与此同时，全球发展形势不容乐观。南北发展失衡、经济增长乏力、国际经济不合理等问题长期困扰人类。此外，全球治理也存在失衡。国际治理秩序至今主要由少数几个发达国家操控，全球命运尚没有实现世界各国共同掌握。"一带一路"倡导和平合作，致力于推动经济全球化再平衡，主张全球治理秩序的继续完善，是关于如何化解人类全球性难题的中国方案。凝聚共识的引领，有利于"一带一路"建设的推进，有助于人类命运共同体的现实构建。

三、创新发展中国方案的整体构建

由于工业革命的强力推动，人类在最近几个世纪既见证了生产力飞速发展，也感受了金融危机与世界大战的巨大创伤。从自然视角看，地球显现为椭圆的地理架构；基于社会交往维度审视，地球则呈现出扁平化的趋势。随着交往程度的加深，人类开始运用新思维理路来缓解"地球村"内的矛盾冲突。在这一过程中，通过共同价值的协调凝聚效应破

[①]　王义桅."一带一路"的中国智慧[J].中国高校社会科学,2017(1):41-51,156.

解人类全球性困境的必要性日益凸显。21 世纪以来,风云变幻的国际局势更加引发了现代人的追问与反思,多沟通、促交流越来越成为命运与共时代的人类共识。得益于现代科技的发展,人类在外太空探索领域取得不俗成就,但地球在可预见的未来仍是人类共同生活的唯一空间。因此,无论是主观意愿选择,还是客观生存空间限制,都对人类提出以凝聚共识为导向推动创新发展的要求。

(一)凝聚共识回答了创新发展中国方案的构建内容

如果从世界历史演进的大视野加以审视,人类命运共同体无疑顺应并引领着世界发展的前进潮流,其有着自身的发展逻辑,目标是建立起在经济、环境等领域具有规范性意义的共同体结构。作为底蕴,凝聚共识则回答了应当建构具有何种内容的新型国际秩序。在全球化时代,世界各国应该如何相处,如何实现国际安全,何以达成共同发展,如何实现文明尊重,怎样携手呵护地球生态,凝聚共识认为人类社会应该坚持对话沟通、共建共享、合作共赢、交流互鉴、共生共存,从而建立起以协商共同体、安全共同体、发展共同体、文明共同体、生态共同体为具体内容的人类命运共同体。

坚持对话沟通,构建全球协商共同体。协商是民主的重要形式。通过对话协商的方式解决争端分歧,花费时间可能更长、过程可能更繁杂,但往往会取得更为理想和彻底地解决实效。对话协商建立在尊重互信的基础上。实践中,协商民主以其包容各方、吸纳诉求、整合利益的品格快速成长为现代民主谱系的一支。中国的协商民主有着自己的形成逻辑,其以马克思主义及其中国化的民主思想为根本指导,汲取西方民主思想的合理成分,植根于当代中国的深刻社会现实。当今国际,通过对话交流的方式解决争端正成为国际关系领域的新常态。虽然还面临各种困难,但在矛盾解决、利益分配过程的重大作用,在协调公共、集体、个人利益经过中的强大功能,决定了协商共同体建构的广阔前景。

坚持共建共享,构建全球安全共同体。安全问题与每个人息息相关,其关系到社会稳定、民族团结、国家安定。因此,守卫好安全红线,在国家间达成安全共识显得尤为重要和迫切。首先要坚持总体安全观,建设国家安全共同体。切实维护好国家的政治安全、国土安全、军事安全、经济安全、文化安全、社会安全、科技安全、信息安全、生态安全、资源安全、核安全。新时期,国家安全涉及更多领域,必须万众一心、全力以赴。其次,建设国际安全共同体。习近平指出:"在经济全球化时代,各国安全相互关联、彼此影响。"①新形势下,国际安全面临的形势更加复杂。恐怖主义、难民危机、网络安全等问题在全球化时代更加凸显,且此类症结依靠单个国家难以应对。因此,安全共同体的谋求建立,需进一步加强全球顶层设计,发挥全球安全合作平台的作用。各个国家应尽快达成安全共同体共识,以实际行动筑牢全球安全屏障。

坚持合作共赢,构建全球发展共同体。发展,尤其是经济发展依然是各个国家面临的主要问题。当前,世界经济增长内在动力不足,全球经济发展形势不容乐观。但人类不应因此驻步不前,而需认真查找经济发展迟滞的原因并解决之。很多国家对此已做出积极反应,他们通过转变经济发展方式、加快产业升级等举措顺应全球化转型的趋势。正是在不断解决问题的过程中,发展共同体得以踽踽前行。以中国为例,市场决定性作用及政府职能的协同发挥,企业、行业、区域的协作正助力发展共同体的建设。全球发展亦是如此,经济危机曾给人类正常生产生活秩序带来巨大冲击。但说到底,不能把放任资本全球逐利的恶果"嫁祸"给经济全球化。至于采取贸易保护等手段更是远离问题解决之道。人类在今天仍应坚持透明开放的多边贸易规则,合作共建发展共同体。

坚持交流互鉴,构建全球文明共同体。人类的发展孕育了多种文明,其中的各支既存在交集,也存有客观差异。现代社会交通便利、通信快捷,使得不同文明的邂逅碰撞成为必然。随着文明间现实相遇的不断增多,隔阂乃至冲突也陆续出现,如不能交流互鉴则有爆发文明冲突的

---

① 习近平.携手构建合作共赢新伙伴　同心打造人类命运共同体——在第七十届联合国大会一般性辩论时的讲话[N].人民日报,2015-9-29(02).

危险。"世界是多向度发展的,世界历史更不是单线式前进的方程式"①,不同文明的交流旨在求同存异、取长补短,而非相互攻击、一较高下。同样,建立文明共同体也并非用一元文明取代多元文明。恰恰相反,其目标是促成多元文明和谐相处。试看当今世界,由文明冲突所引发的动荡战乱不在少数。仔细分析可以发现,不能正确看待并试图同化异质文明是导致此类灾难的真凶。人类文明的表现形态虽各有特色,有的甚至还保留着相当程度的原生态,但文明本质间却无高低、优劣之别。因此,坚持交流互鉴才有建立文明共同体的可能。

坚持共生共存,构建全球生态共同体。生态问题的本质是人与自然如何相处。建构生态共同体,实际上是重新审视人类征服自然的不当方式以及人类向自然过渡索取的发展模式。毋庸置疑,人类的发展离不开自然,人类生存、发展的最基本材料均来自大自然。在现代社会,由忽视生态保护所酿成的生态失衡成为人类社会的主要风险源之一。如今,人类更应心怀敬畏,在尊重自然规律的同时运用其增益福祉。人与自然共生共存,建设生态共同体的实质是人与自然正确相处之道的回归与复兴。只有倡导践行共生共存的生态共同体价值理念,才能更好化解日益严重的人与自然间的矛盾。建设生态共同体,需要全人类共同携手。各个国家应继续落实《巴黎气候协定》的生态共识与应对措施,积极主动地参与生态共同体的建设。既承担历史生态职责,又担负当代生态重任,是各个国家特别是发达国家的应有责任与担当。唯有如此,人类的生态共同体家园才能永葆活力。

(二)凝聚共识规范着创新发展中国方案的发展方向

全球治理正处于发展过程中,离不开具体发展理念的引领。科学合理的发展理念是共同价值的重要组成。针对中国提出的新发展理念,学者们已经注意到了其显著的世界意义,有学者指出了"绿色"发展理念的

---

① 石云霞.马克思恩格斯的社会共同体思想研究[J].马克思主义理论学科研究,2016(1):45-55.

世界意义①,也有学者研究了"共享"发展理念的世界历史意义②。实际上,不仅是绿色与共享发展理念有着超出中国境内的正面溢出效应,作为整体的"创新、协调、绿色、开放、共享"对当今世界面临的共性发展难题的化解有着积极意义,能够从价值共识维度引领人类命运共同体的现实构建。

创新发展中国方案的"创新"发展方向。现代社会,创新越来越成为人类发展的内在驱动。就构建人类命运共同体而言,创新可以在多方面发挥引领作用。首先,创新人类命运共同体的理念内涵。理念是合作行为发生的先导,人类发展方式的转变往往发轫于理念更易。人类命运共同体创新性地揭示出现代人类命运互联的事实,言明人类社会关系结合的理想状态。创新人类命运共同体思想的理念内涵,要根据当代世界发展现实进一步丰富其理论广度,夯实其理论厚度,在批判问题的同时指明时代发展方向。其次,创新人类命运共同体的理论传播路径。跨文化环境是人类命运共同体的重要传播场域。由此,传播好人类命运共同体,需注意结合不同地域的文化特色,区分各异的受众群体,发掘运用好传播规律。进一步"增强国家力量与草根力量的传播协同,突出亲和包容、增信释疑的叙事,主动开拓多方参与的公共外交传播新路"③。互联网等新媒体在推动思想传播方面作用重大,促进人类命运共同体被更多人理解并接受,要发挥新媒体在传播速度、覆盖广度等方面的优势。再次,创新人类命运共同体的实现方式。人类文明演进到今日,在发展模式上不断实现着超越。推动人类命运共同体的实现,需摒弃极端民族主义思维,立足整体发展的道义制高点审视人类文明全局。早在一百多年前,马克思就对自由解放等关涉人类命运的核心命题作出深邃思考与回答。21世纪的今天,我们更应承继马克思的天下情怀,深入思考人类命运共同体的时代价值。

---

① 袁倩.绿色发展的理念与实践及其世界意义[J].国外理论动态,2017(11):23-24.
② 胡守勇.共享发展理念的世界历史意义[J].马克思主义研究,2018(4):63-70.
③ 袁靖华.中国的"新世界主义":"人类命运共同体"议题的国际传播[J].浙江社会科学,2017(05):105-113,158-159.

创新发展中国方案的"协调"发展方向。协调意味着事物内部与事物之间的发展平衡。在人类命运共同体构建中贯穿协调理念,一要树立整体发展视角。人类命运共同体的协调发展,不仅指国家内部城乡之间、地区之间、行业之间的发展均衡,同样指国家间发展程度的协调、发展环境的和洽、发展秩序的井然。要言之,于国家来说其关键在于和谐社会建设,对国际而言其精髓在于和谐世界创设。二要倾注更多精力解决发展不平衡。长期以来,绝对贫困等问题困扰人类文明前行,且埋下诸多对人类无益的不安定隐患。鉴于此,人类应集中精力解决发展过程的种种不协调,创设利于人类整体发展的大环境。三要建立利益协调机制。人类命运共同体的根基在利益共同体。形成协调利益关系格局,对人类命运共同体的持续、健康发展尤为重要。可以通过第三方协调机制引入、分配秩序完善、产业结构升级等制度化举措,促进人类命运共同体与利益共同体相辅相成地发展。

创新发展中国方案的"绿色"发展方向。绿色是人类生存环境的最基本元素。让绿色理念融入人类命运共同体构建,需在多方面深化认识、共同努力。第一,自然环境为人类命运共同体发展提供基本支撑。跟人类社会相比,自然具有先在性。随着人类体力尤其是智力活动的延伸与扩展,自然在越来越广泛的意义上成为人化自然,人化自然"生成和发展过程决定了人类命运的演进史"①。但是,过度索取、蔑视自然等人类中心主义行为给地球带来许多灾难。全球气候变暖、极端气候频发、大气严重污染等现象时刻警醒着人类。目前看来,人类居住的环境具有唯一性和不可修复性,要重视自然环境并将其看作人类命运共同体的组成。第二,节约能源资源、开发绿色能源为人类命运共同体发展贡献动力支持。长期以来,地球资源有限性与人类需求浩大性之间存在深刻矛盾。人口基数的增长、需求层次的丰富、分工的精细在客观上加剧了这一矛盾。要从根本上解决问题,很重要的一方面就是节约能源资源、珍惜地球的有限供给。此外,还要优先支持新能源产业发展,大力开发利

---

① 李梦云.建设人类命运共同体的文化构想[J].哲学研究,2016(3):22-28.

用风能、太阳能等绿色能源，进一步加大新能源产品的推广力度。

创新发展中国方案的"开放"发展方向。开放是现代人类的重要生活方式。坚持开放理念，要多举并进。首先，洞悉人类开放发展大势。历史之势，浩浩荡荡，顺之者昌，逆之者亡。在现代社会，故步自封只会造成落后，与世隔绝也早晚给本国带来灾难。得益于开放发展的格局，中国不仅实现了自身发展，同时为开放世界的发展作出了应有贡献。人类命运共同体之所以得到越来越多支持，就在于开放发展的大势赢得大多数人认同。其次，养成开放发展心态。于人类命运共同体而言，开放既意味着国家内部的发展不排斥少数民族、不忽视边疆地区，还蕴含着国家间主权平等、相互尊重。人类命运共同体由不同单位组成，怀拥开放心态，才能真正促进各成员沟通交流。再次，正视开放中各种问题。接触不同形态文明，触碰异质思维方法，是开放中不可避免的情况。善于分析、揭示原有制度体系与新开放格局不适应等问题源，方能正确处理开放中不断暴露的问题。

创新发展中国方案的"共享"发展方向。与垄断不同，共享更强调利益分配的均沾。全球利益人类共享，是"人类命运共同体核心文化共识的本真"①。运用共享理念构建人类命运共同体，需践行以下措施。第一，实现发展机遇的共享。发展是一种权利，更是一种机遇。每个民族、各个国家都有实现自我发展的权利。作为机遇，发展不应被某些利益集团或霸权国家所垄断，而应作为均等机会让各个主体平等享有。第二，实现发展成果的共享。从国内角度看，各国人民都为本国现代化的实现努力付出，他们理应获得与自身劳动相匹配的成果。依国际视角分析，各个国家都在为人类文明的进步贡献智慧，他们理当获得相应待遇。第三，制定合理的共享规则。共享权益的实现，最终要依靠制度进行保障。共享规则的制定，既要考虑民族大小、国家强弱等客观事实，又要倾听各方呼声、兼顾各方合理诉求。在具体实施中，充分照顾各主体的现实权

---

① 叶小文.人类命运共同体的文化共识[J].新疆师范大学学报（哲学社会科学版），2016（3）：1-5，7.

益,才能凝聚并激励各方为人类命运共同体的构建添计献策。

(三)创新发展中国方案对 21 世纪马克思主义的发展

21 世纪马克思主义,是当代中国马克思主义在时间与空间维度的进一步延伸。发展 21 世纪马克思主义,意在争夺马克思主义在当今世界的话语权,旨在为全球发展提供时代价值引领。发展 21 世纪马克思主义,不仅要立足当今中国发展实践,更要立基于当代世界深刻发展变化的现实。历史的发展不断证明,"时代变化和实践发展构成马克思主义发展的客观基础,决定马克思主义发展的主题、方向与前景"[①]。处于新的时代环境中,马克思主义不仅应继续发扬实践性、批判性的理论优势,更该弘扬追求人类解放的价值追求、实践改善人类命运的理论旨归。分析人类命运共同体所涉及的问题时,我们既要剖析矛盾的深刻性,又要全面分析于批判中建构新理念的可能性及现实性。只有坚持问题导向、回应时代需求,才能在解释现实、批判矛盾、把握未来中实现人类命运共同体的光辉使命,才能不断为发展 21 世纪马克思主义作出应有贡献。

创新发展中国方案丰富了 21 世纪马克思主义的核心理论范畴。人类命运共同体的概念提出之后,在国际社会广泛传播,迅速得到国际社会的认同与接纳。2017 年 2 月 10 日,"人类命运共同体"首次载入联合国经济和社会理事会决议;2017 年 3 月 17 日,"人类命运共同体"首次载入联合国安全理事会决议;2017 年 3 月 23 日,"人类命运共同体"首次载入联合国人权理事会决议。此外,"人类命运共同体"还首次载入第七十二届联大负责裁军和国际安全事务第一委员会会议决议,填补了联合国有关世界安全领域决议的空白。人类命运共同体环球热议现象的背后,反映了其自身独特的理论品质。首先,构建人类命运共同体是马克思世界历史思想的逻辑延续。生产力发展的社会化趋势,使得人类发

---

① 梁树发,李德阳.发展 21 世纪马克思主义路径的思考[J].思想理论教育导刊,2017(3): 35-42.

展史越来越成为一部世界史,使得人类命运与共的发展趋向成为历史必然。其次,构建人类命运共同体是中国传统"和合"文化的当代彰显,是中华民族一直以来"求大同,存大异"开放包容心态的反映。再次,构建人类命运共同体还借鉴了西方共同体理论的研究视角。无论是柏拉图、亚里士多德等西方先贤关于政治共同体与公共善的探讨,还是腾尼斯关于共同体与社会的论述,抑或鲍曼关于共同体与现代性的洞见,都为人类命运共同体的进一步发展与构建提供了可资借鉴的理论资源。在当代社会,构建人类命运共同体主张不同社会制度的国家求同存异,实现共同发展。作为类存在,人有着共同的类别属性,在基本价值层面有着共同的价值取向。"和平、发展、公平、正义、民主、自由,是全人类的共同价值"[1],是全人类的共同努力方向。一言以蔽之,人类命运共同体虽然是中国自塑的马克思主义理念,但它兼容并包,鲜明地体现了 21 世纪马克思主义核心范畴的理论品质。在新的时代条件下发展 21 世纪马克思主义,就需要打造出一系列与人类命运共同体相似的融通中外的核心范畴,在理论供给端为马克思主义的 21 世纪发展之网打好理论扭结。

创新发展中国方案拓展了 21 世纪马克思主义的研究视域。21 世纪马克思主义"要从'中国化'拓展到'世界化',以深化对'时代化'问题的研究"[2]。人类命运共同体是事实判断与价值判断的统一,其不仅针对当下,更面向 21 世纪乃至更长时间段的人类发展未来。基于此,构建人类命运共同体在研究对象、研究主体层面都实现了进一步拓展。其中,研究对象的拓展决定了人类命运共同体不仅要研究当下的中国问题,更要关注 21 世纪的人类整体发展。毋庸置疑,引领全球化 3.0 发展的使命即是人类命运共同体研究对象拓展的最好时代诠释。截至目前,全球化的发展大致分为三个阶段。全球化 1.0[3] 自 15 世纪到 17 世纪,

---

① 习近平.携手构建合作共赢新伙伴　同心打造人类命运共同体——在第七十届联合国大会一般性辩论时的讲话[N].人民日报,2015-9-29(02).

② 陈锡喜.深刻理解"21 世纪马克思主义"[N].中国教育报,2017-6-15(05).

③ 关于资本主义的早期扩张能否称为全球化 1.0,学界存在不同看法。有学者将其称为"世界市场"以同现代意义的全球化区别开来。我们认为,尽管存在地域局限,但资本主义的早期发生与扩张,为现代意义的全球化奠定重要基础,是广义的全球化,故称为全球化 1.0。

以新航路的开辟为标志。全球化 2.0 自 18 世纪至 20 世纪，以两次工业革命为典型标志。总结梳理全球化的早期发展历程，可以析出两大发展特征。一，弱肉强食的竞争原则。资本主义列强是早期全球化的推动者、规则制定者，掌握着全球化话语权。他们靠野蛮掠夺完成原始资本积累。二，利益排他性。处于全球化链条的上游国家往往结成保守的利益集团，不愿同其他国家共享全球化果实。人类命运共同体是对全球化过往发展模式的超越，其直接为全球化 3.0 的创建提供智力支持。中国引领倡导的全球化 3.0 秉持全新发展理念。首先，坚信人类命运应由各个国家共同掌握。国家有大小，国格无高低，每个国家在关涉人类命运的公共议题上享有平等发言权。其次，坚持共建共享原则。在全球化规则的制定中，各个国家都应实现实际参与。通过科学合理规则体系的制定，实现发展成果全人类共享的目标。再次，坚持包容性原则。人类是命运相连的共同体，对待不同文明应怀有宽广胸襟。尤其在涉及民众风俗、宗教信仰等敏感问题时，更应尊重各地的不同情况。近段时间，国际上掀起一股逆全球化浪潮，给全球化的发展平添了不确定性。其实，过往发展模式的不合理是导致逆全球化出现的真正动因，这也从反面说明了打造全球化 3.0 的迫切性。如今，人类再次走到发展的十字路口，打造全球化 3.0 无疑为人类提供最优抉择。需要指出的是，在对时代问题进行批判的时候，中国学者需进一步加强同西方马克思主义学者乃至非马克思主义学者的对话，这也是人类命运共同体在研究主体层面拓展的题中之义。因为，"要批判当代世界的矛盾特别是资本主义的社会矛盾，需要世界各国马克思主义者的共同努力"[①]。当然，在同西方交流的过程中，也要旗帜鲜明地同反马克思主义及伪马克思主义等思潮进行坚决的理论斗争。

创新发展中国方案充实了 21 世纪马克思主义的理论蕴含。构建人类命运共同体的提出并非临时起意，其提出一方面是基于中华民族对人

---

① 陈锡喜.不断开辟 21 世纪马克思主义发展新境界[J].思想理论教育导刊,2016(9)：36-41.

类命运的深刻关切,另一方面则基于中国对自身社会主义建设方案的深厚自信。人类命运共同体的思想提出与倡导构建,反映了中国系统总结社会主义建设的规律,进而升华认识以回答什么是人类社会发展规律认识以及如何践行这一规律的智慧共享。面对当今世界风云变幻的国际局势,习近平借用狄更斯的话指出:"这是最好的时代,也是最坏的时代。"带着对人类命运的深刻关切,中国以强烈的使命感和责任感提出命运共同体思想。在回答"世界怎么了,我们怎么办?"的人类发展困惑中,中国方案的巨大理论魅力再一次得到彰显。人类要发展,首先需增进共同利益。只有促进人类共同繁荣,才能在真正意义上维护和平稳定的发展环境。不可否认,当今世界面临的问题依然很多,地缘政治、难民危机等问题时刻触碰着人类的敏感神经。正是基于危机的共同性,人类更应摒弃前嫌,进而采取真诚的态度相互协商,而非采用暴力恐吓、好勇争狠的方式处理隔膜与危机。习近平指出,人类正处在大发展大变革大调整时期。① 中国机遇与世界机遇在当代具有辩证统一性。面对发展未来,人类应顺势而为,"坚持'天下为公'的价值观、公平正义的原则、'和而不同'的理念"②,通过人类命运共同体的构建汲取发展智慧、凝聚发展共识。同样,中国也应坚定践行人类命运共同体,抓住世界发展机遇,以实际行动担负起人类命运共同体建构的应有职责。总之,人类命运共同体的构建体现了中国对人类发展规律的时代体悟。以构建人类命运共同体为典型代表,发展的中国将用自身智慧为人类发展规律的深入认知及实践持续贡献力量。

---

① 习近平.共同构建人类命运共同体——在联合国日内瓦总部的演讲[N].人民日报,2017-1-20(02).

② 孙聚友.儒家大同思想与人类命运共同体建设[J].东岳论丛,2016(11):63-67.

结　语

　　创新发展的中国方案，是全球化时代的中国以自身实践为基础对人类社会生活发展规律深刻认知的价值表达，其不仅关乎中国的发展方略，更涉及人类的前进方向。凝聚共识以马克思主义为理论指导，既是其深厚的理论优势，又容易在"资强社弱"时代成为别有用心者的理论攻击点。可见凝聚共识并非完全意义的纯粹理论问题，增强凝聚共识的理论魅力，关键在于各国能够在实践中践行共同价值，特别是以中国为代表的具有高度国际责任感的国家在共同价值的践行中继续通过"一带一路"合作倡议、亚投行等普惠性实体项目创造出巨大的发展红利。

　　作为价值选择，凝聚共识倡导各国在开放交流中实现共赢，显然优于逆潮流而动的地域保守主义；作为价值导向，凝聚共识主张各国在追求自身合法利益时兼顾其他国家利益，显然优于单个国家将自身利益置于人类整体利益之上的霸权主义行径；作为价值目标，凝聚共识有着坚定的自由人联合体追求，显然优于态度摇摆不定的不确定主义。可见于构建新型国际秩序而言，凝聚共识无论是在促进其理论丰富方面，还是在推动其现实构建层面均具有重要意义。随着社会交往的日渐频繁和深入，人类对共同价值的认识会更加深刻，对共同价值的认同也会更加广泛。

　　马克思曾指出："光是思想力求成为现实是不够的，现实本身应当力求趋向思想。"①人类文明的演进过程中，自由人联合体是最高价值理

---

　　①　马思克,恩格斯.马克思恩格斯文集(第1卷)[M].北京:人民出版社,2009：13.

想,人类命运共同体则是时代价值追求。凝聚共识倡导实现的是人类发展的整体利益,其可以助力现有条件下人类"趋向思想"时代追求的达成。凝聚共识对马克思主义价值思想的承继,为当代人类对美好社会的奋斗与追求提供了方向。毋庸置疑,加强凝聚共识以及共同价值的研究将为把握人类命运共同体构建的必要性与可能性,为中华民族伟大复兴与人类命运的当代改善贡献理论与智慧。

凝聚共识反映了各国人民要求发展生产力的强烈愿望,同时也反映出各国人民希望构建更加公平合理的全球分配体系的美好希冀。凝聚共识具有丰富的理论内涵,但其理论蕴含并不机械僵化。随着各国共建人类命运共同体的实践推进,凝聚共识内涵也将随之深化。从理论互动的维度考察,凝聚共识与人类命运共同体之间不是单向的理论关涉,而是相互之间的理论辩证。自《共产党宣言》问世以来,人类社会固有诸多相同之处,但更有巨大发展变迁。当今时代,资本主义与社会主义依然长期共存。因此,如何在推进人类解放的世界历史进程中增进各国关于共同价值的理论共识显得至关重要。

凝聚共识是人类整体发展中责任与义务的有机统一。从当今国际的基本现实而言,凝聚共识是各主权民族国家的发展权益与国际责任的有机统一。践行共同价值,推动构建人类命运共同体,最根本的依靠力量只能是世界各国的人民,理论一经掌握群众,也会变成物质力量。只有将人类发展命运的决定权交还给人民,让人民在理性思考中深刻体悟"自我"的真实责任与义务,全球各国人民才能在普遍的价值共识中共同建设出一个更加美好的世界,当代人类也才能在创新发展的进程中"诗意地栖居"于共有的地球家园。

参考文献

著作类：

[1]马克思,恩格斯.马克思恩格斯全集(第 1 卷)[M].北京:人民出版社,1960.

[2]马克思,恩格斯.马克思恩格斯全集(第 16 卷)[M].北京:人民出版社,1964.

[3]马克思,恩格斯.马克思恩格斯全集(第 18 卷)[M].北京:人民出版社,1964.

[4]马克思,恩格斯.马克思恩格斯全集(第 19 卷)[M].北京:人民出版社,1963.

[5]马克思,恩格斯.马克思恩格斯全集(第 26 卷第 3 册)[M].北京:人民出版社,1974.

[6]马克思,恩格斯.马克思恩格斯全集(第 46 卷下)[M].北京:人民出版社,1980：33.

[7]马克思,恩格斯.马克思恩格斯文集(第 1 卷—第 10 卷)[M].北京:人民出版社,2009.

[8]列宁.列宁专题文集(论无产阶级政党)[M].北京:人民出版社,2009.

[9]毛泽东.毛泽东选集(第 1 卷—第 4 卷)[M].北京:人民出版社,1991.

[10]毛泽东.毛泽东文集(第 7 卷)[M].北京:人民出版社,1999.

[11]毛泽东.毛泽东著作选读(下册)[M].北京:人民出版社,1986.

[12]毛泽东.毛泽东外交文选[M].北京:中央文献出版社,1994:16.

[13]邓小平.邓小平文选(第1卷—第2卷)[M].北京:人民出版社,1994.

[14]邓小平.邓小平文选(第3卷)[M].北京:人民出版社,1993.

[15]中共中央文献研究室编.邓小平思想年谱(1975—1997),北京:中央文献出版社,1998.

[16]江泽民.江泽民文选(第1卷—第3卷)[M].北京:人民出版社,2006.

[17]胡锦涛.胡锦涛文选(第1卷—第3卷)[M].北京:人民出版社,2016.

[18]习近平.习近平谈治国理政[M].北京:外文出版社,2014.

[19]习近平.习近平谈治国理政(第2卷)[M].北京:外文出版社,2017.

[20]习近平.习近平谈治国理政(第3卷)[M].北京:外文出版社,2020.

[21]习近平.习近平关于社会主义政治建设论述摘编[M].北京:中央文献出版社,2017.

[22]中共中央党史研究室.中国共产党历史(第2卷上)[M].北京:中共党史出版社,2010.

[23]陈锡喜.马克思主义经典著作导读[M].北京:红旗出版社,2008.

[24]陈锡喜.科学社会主义理论与实践[M].北京:中国社会出版社,2008.

[25]陈锡喜.政治认同的理论思辨[M].上海:上海人民出版社,2013.

[26]陈锡喜.马克思告诉了我们什么[M].南京:江苏人民出版社,2015.

[27]陈锡喜.意识形态:当代中国的理论和实践[M].北京:中国人民大学出版社,2018.

[28]李连科.价值哲学引论[M].北京:商务印书馆,1999.

[29]李德顺.价值论[M].北京:中国人民大学出版社,2013.

[30]袁贵仁.价值学引论[M].北京:北京师范大学出版社,1991.

[31]陈新汉.评价论导论[M].上海:上海社会科学院出版社,1995.

[32]冯平.评价论[M].北京:东方出版社,1995.

[33]王伟光.党的建设研究[M].北京:社会科学文献出版社,2012.

[34]金灿荣,等.和平发展:大国的责任[M].北京:中国人民大学出版社,2014.

[35]陈学明,等.中国道路的世界意义[M].天津:天津人民出版社,2015.

[36]董世峰.价值:哈特曼对道德基础的构建[M].北京:光明日报出版社,2006.

[37]许利平,等.中国与周边命运共同体:构建与路径[M].北京:社会科学文献出版社,2016.

[38]蔡定剑.民主是一种现代生活[M].北京:社会科学文献出版社,2010.

[39]郭贵儒.从繁盛到衰败:大陆时期的中国国民党[M].北京:华文出版社,1999.

[40]王学东.国际共产主义运动历史文献(第2卷)[M].北京:中央编译出版社,2011.

[41]李慎明.居安思危——苏共亡党二十年的思考[M].北京:社会科学文献出版社,2011.

[42]陈海燕,等.全球化视域下的社会主义与资本主义:两种制度关系发展规律研究[M].北京:学习出版社,2013.

[43]亚当·斯密.国富论[M].文熙,等译.武汉:武汉大学出版社,2010.

[44]李嘉图.政治经济学及赋税原理[M].郭大力,王亚南,译.北京:北京联合出版公司,2013.

[45]黑格尔.法哲学原理或自然法和国家学纲要[M].范扬,张企泰,译.北京:商务印书馆,1961.

[46]不列颠百科全书(国际中文版)[M].北京:中国大百科全书出版社,2004(2).

[47]摩尔.伦理学原理[M].长河,译.北京:商务印书馆,1983.

[48]李凯尔特.文化科学和自然科学[M].涂纪亮,译.北京:商务印书馆,1986.

[49]孔汉思,库舍尔.全球伦理——世界宗教议会宣言[M].何光沪,译.成都:四川人民出版社,1997.

[50]舍勒.伦理学中的形式主义与质料的价值伦理学(上)[M].倪梁康,译.北京:三联书店,2004.

[51]贝克.风险社会[M].何博闻,译.南京:译林出版社,2004.

[52]迈内克.马基雅维里主义——"国家理由"观念及其在现代史上的地位[M].时殷弘,译.北京:商务印书馆.2008.

[53]文德尔班.文德尔班哲学导论[M].施璇,译.北京:北京联合出版公司,2016.

[54]亨廷顿.文明的冲突与世界秩序的重建[M].周琪,等译.北京:新华出版社,2010.

[55]培里.现代哲学倾向[M].傅统先,译.北京:商务印书馆,1962.

[56]贝尔.意识形态的终结——50年代政治观念衰微之考察[M].张国清,译.北京:中国社会科学出版社,2013.

[57]布热津斯基.大棋局——美国的首要地位及其地缘战略[M].中国国际问题研究所,译.上海:上海人民出版社,2015.

[58]基欧汉.霸权之后:世界政治经济中的合作与纷争[M].苏长和,等译.上海:上海人民出版社,2006.

[59]罗伯茨.自由放任资本主义的失败[M].秦伟,译.北京:生活·读书·新知三联书店,2014.

[60]达努奇.世界是不确定的[M].吴波龙,译.北京:社会科学文献出版社,2009.

[61]罗西瑙主编.没有政府的治理——世界政治中的秩序与变革[M].张胜军,刘小林,等译.南昌:江西人民出版社,2001.

[62]哈维.资本社会的17个矛盾[M].许瑞宋,译.北京:中信出版社,2017.

[63]卡尔松,兰法尔.天涯成比邻——全球治理委员会的报告[M].中国对外翻译出版社公司组织翻译.北京:中国对外翻译出版公司,1995.

［64］Paul Langford. The Writings and Speeches of Edmund Burke［M］.
Oxford：Clarendon Press，1981.

论文类：

［1］胡锦涛.坚定不移沿着中国特色社会主义道路前进　为全面建成小
康社会而奋斗——在中国共产党第十八次全国代表大会上的报告
［J］.求是，2012(22).

［2］习近平.全面贯彻落实党的十八大精神要突出抓好六个方面工作
［J］.求是，2013(1).

［3］周力.人类命运共同体话语下的人权促进与保障：中国的理念与经验
［J］.人权，2017(2).

［4］陈曙光.人类命运与超国家政治共同体［J］.政治学研究，2016(6).

［5］薛力.人类命运共同体：世界治理新方案［J］.党建，2017(4).

［6］阮宗泽.人类命运共同体：中国的"世界梦"［J］.国际问题研究，2016
(1).

［7］邹广文，王纵横.人类命运共同体与文化自信的心理建构［J］.中国特
色社会主义研究，2017(4).

［8］张继龙.人类命运共同体视角下文化自信构建的辩证考察［J］.湖湘
论坛，2017(5).

［9］康渝生，陈奕诺."人类命运共同体"：马克思"真正的共同体"思想在
当代中国的实践［J］.学术交流，2016(11).

［10］邵发军.习近平"人类命运共同体"思想及其当代价值研究［J］.社会
主义研究，2017(4).

［11］张三元.开放发展与人类命运共同体构建［J］.广东社会科学，2017
(4).

［12］王公龙.人类命运共同体思想对马克思共同体思想的创新与重构
［J］.上海行政学院学报，2017(5).

［13］张国祚.创新21世纪马克思主义必须着力研究的四个问题［J］.马
克思主义研究，2017(3).

［14］杨玲."人的本质"与"人类命运共同体"［J］.大连干部学刊,2017
　　（1）.

［15］曹绿.以马克思世界历史理论审视人类命运共同体［J］.思想理论教
　　育,2017（3）.

［16］符妹.人类命运共同体的内在规定及其实践逻辑［J］.理论探索,2017
　　（5）.

［17］陈水胜.关于"命运共同体"理念的中华文化解读［J］.公共外交季
　　刊,2016（4）.

［18］孙聚友.儒家大同思想与人类命运共同体建设［J］.东岳论丛,2016
　　（11）.

［19］叶小文.人类命运共同体的文化共识［J］.新疆师范大学学报（哲学
　　社会科学版）,2016（3）.

［20］林伯海,杨伟宾.习近平的人类共同价值思想初探［J］.当代世界与
　　社会主义,2016（2）.

［21］曹峰旗.宽容:人类命运共同体的价值底蕴［J］.理论与改革,2017
　　（2）.

［22］田旭明."人类命运共同体"的伦理之维［J］.伦理学研究,2017（2）.

［23］陈锡喜.不断开辟 21 世纪马克思主义发展新境界［J］.思想理论教
　　育导刊,2016（9）.

［24］陈锡喜."人类命运共同体"视域下中国道路世界意义的再审视［J］.
　　毛泽东邓小平理论研究,2017（2）.

［25］陈锡喜.人类命运共同体:以科技革命为维度的审视［J］.内蒙古社
　　会科学（汉文版）,2018（5）.

［26］张永红,殷文贵."人类命运共同体"理念的生成、价值与实现［J］.思
　　想理论教育,2017（8）.

［27］陈曙光.人类命运与超国家政治共同体［J］.政治学研究,2016（6）.

［28］吴兴梅,何毅.人类命运共同体理念与当代中国外交战略思想创新
　　发展［J］.邓小平研究,2017（2）.

［29］李爱敏."人类命运共同体":理论本质、基本内涵与中国特色［J］.中

共福建省委党校学报,2016(2).

[30]郇庆治.理解人类命运共同体的三个重要层面[J].人民论坛·学术前沿,2017(12).

[31]蒋昌建,潘忠岐.人类命运共同体理论对西方国际关系理论的扬弃[J].浙江学刊,2017(4).

[32]曲星.人类命运共同体的价值观基础[J].求是,2013(4).

[33]吴家庆,肖玉方.国内学界苏联解体研究述评[J].湖南师范大学社会科学学报,2015(5).

[34]王欣,高庆涛.关于人类命运共同体理念探微[J].思想理论教育导刊,2016(9).

[35]王义桅.人类命运共同体的内涵与使命[J].人民论坛·学术前沿,2017(12).

[36]李建嵘,等.构建人类命运共同体的中国选择[J].学术探索,2017(5).

[37]石云霞.习近平人类命运共同体思想研究[J].学校党建与思想教育,2016(9).

[38]桑建泉,陈锡喜.命运共同体理念的政治文明内蕴及其意义[J].中州学刊,2017(2).

[39]桑建泉.习近平命运共同体思想及其对发展21世纪马克思主义的理论贡献[J].云南民族大学学报(哲学社会科学版),2017(6).

[40]徐艳玲,李聪."人类命运共同体"价值意蕴的三重维度[J].科学社会主义,2016(3).

[41]费孝通.百年中国社会变迁与全球化过程中的"文化自觉"——在"21世纪人类生存与发展国际人类学学术研讨会"上的讲话[J].厦门大学学报(哲学社会科学版),2000(4).

[42]刘志礼.习近平"人类命运共同体"思想探析[J].理论探索,2017(4).

[43]常健.构建人类命运共同体与全球治理新格局[J].人民论坛·学术前沿,2017(12).

[44]杨宏伟,刘栋.论构建"人类命运共同体"的"共性"基础[J].教学与研究,2017(1).

[45]王岩,竟辉.以新发展理念引领人类命运共同体构建[J].红旗文稿,2017(5).

[46]李梦云.建设人类命运共同体的文化构想[J].哲学研究,2016(3).

[47]蔡亮.共生国际体系的优化:从和平共处到命运共同体[J].社会科学,2014(9).

[48]陈曙光.人类命运与超国家政治共同体[J].政治学研究,2016(6).

[49]丁工."人类命运共同体"的实践路径和中国角色论析[J].当代世界与社会主义,2017(4).

[50]张华波,宋婧琳.构建人类命运共同体,靠什么[J].人民论坛,2017(13).

[51]张战."人类命运共同体"战略思想析论[J].高校马克思主义理论研究,2017(1).

[52]梁周敏,姚巧华.论构建人类命运共同体的基本遵循[J].学习论坛,2017(4).

[53]明浩."一带一路"与"人类命运共同体"[J].中央民族大学学报(哲学社会科学版),2015(6).

[54]陶文昭.科学理解习近平命运共同体思想[J].中国特色社会主义研究,2016(2).

[55]石云霞.马克思恩格斯的社会共同体思想研究[J].马克思主义理论学科研究,2016(1).

[56]吴泽群.共同构建人类命运共同体[J].中国党政干部论坛,2017(6).

[57]周显信,罗馨.习近平命运共同体思想的逻辑结构与构建路径[J].理论与改革,2016(3).

[58]刘传春.人类命运共同体内涵的质疑、争鸣与科学认识[J].毛泽东邓小平理论研究,2015(11).

[59]贺来.马克思哲学的"类"概念与"人类命运共同体"[J].哲学研究,2016(8).

[60]袁靖华.中国的"新世界主义":"人类命运共同体"议题的国际传播[J].浙江社会科学,2017(5).

[61]冯平.重建价值哲学[J].哲学研究,2002(5).

[62]鲁品越.再论马克思的"价值定义"与马克思主义价值哲学之重建[J].教学与研究,2017(2).

[63]刘进田.论人类命运共同体的价值主体结构、哲学建构方法及其意义[J].观察与思考,2017(11).

[64]张师伟.人类命运共同体与共同价值:国家间合作共赢体系建构的双驱动[J].甘肃理论学刊,2017(3).

[65]鲁品越,王永章.从"普世价值"到"共同价值":国际话语权的历史转换[J].马克思主义研究,2017(10).

[66]杨伟宾,李学勇.共同价值:超越西方"普世价值"的人类共享价值[J].思想教育研究,2016(9).

[67]黄凯,锋任政.习近平"人类命运共同体"价值论[J].观察与思考,2017(11).

[68]李景源.构建人类命运共同体何以可能?[J].湖北大学学报(哲学社会科学版),2017(6).

[69]温波,凌靓.人类命运共同体:走向世界引领世界的当代中国马克思主义文化形态[J].苏州大学学报(哲学社会科学版),2018(1).

[70]林伯海,杨伟宾.习近平的人类共同价值思想初探[J].当代世界与社会主义,2016(2).

[71]储著源."世界层面的价值要求"凝练与诠释[J].常州大学学报(社会科学版),2018(1).

[72]郭明俊.习近平人类共同价值观是对冷战价值观的摒弃与超越[J].湖湘论坛,2017(5).

[73]鲁品越."构建人类命运共同体"伟大构想:马克思"世界历史"思想的当代飞跃[J].哲学动态,2018(3).

[74]吴潜涛.打造人类命运共同体的理论与实践[J].社会主义核心价值观研究,2017(5).

[75]秦龙,赵永帅.构建人类命运共同体的价值论关切[J].学术界,2018(3).

[76]孙伟平.价值观的力量:论习近平新时代中国特色社会主义思想的价值表达[J].哲学研究,2018(3).

[77]秦宣,刘鑫鑫.共同价值:打造人类命运共同体的价值观基础[J].中国特色社会主义研究,2017(4).

[78]钟明华,董扬.21世纪马克思主义:价值与建构[J].探索,2018(2).

[79]田鹏颖,武雯婧.人类命运共同体思想是马克思"两个决不会"的创造性发展[J].学术论坛,2018(2).

[80]田旭明."人类命运共同体"的伦理之维[J].伦理学研究,2017(2).

[81]曾志诚.构建人类命运共同体的世界历史意义[J].求实,2017(12).

[82]周银珍."人类命运共同体"理论指导下的中国国际话语权重塑研究[J].云南民族大学学报(哲学社会科学版),2018(2).

[83]黄埼.习近平共同价值思想探析[J].湖南行政学院学报,2017(6).

[84]刘辰,刘欣路."一带一路"背景下共同价值观念培育与中国国际话语权构建[J].对外传播,2015(7).

[85]叶险明."共同价值"与"中国价值"关系辨析[J].哲学研究,2017(6).

[86]张永红,殷文贵."人类命运共同体"理念的生成、价值与实现[J].思想理论教育,2017(8).

[87]石云霞.习近平人类命运共同体思想科学体系研究[J].中国特色社会主义研究,2018(2).

[88]孙伟平."人类共同价值"与"人类命运共同体"[J].湖北大学学报(哲学社会科学版),2017(6).

[89]赵士发.习近平治国理政思想的价值观意蕴[J].理论探索,2017(3).

[90]刘建飞.全球治理背景下的中国政治意识形态安全[J].科学社会主义,2016(6).

[91]张恒军,唐润华.中国价值观全球传播的新契机和新逻辑[J].社会科学战线,2018(3).

［92］汪亭友.“共同价值”不是西方所谓“普世价值”［J］.红旗文稿,2016
　　（4）.

［93］冯建军.迈向人类命运共同体的价值教育［J］.高等教育研究,2018
　　（1）.

［94］杨宏伟,刘栋.论构建“人类命运共同体”的“共性”基础［J］.教学与
　　研究,2017（1）.

［95］郝立新,周康林.构建人类命运共同体:全球治理的中国方案［J］.马
　　克思主义与现实,2017（6）.

［96］邹广文,王纵横.人类命运共同体与文化自信的心理建构［J］.中国
　　特色社会主义研究,2017（4）.

［97］吴泽群.共同构建人类命运共同体［J］.中国党政干部论坛,2017
　　（6）.

［98］林伯海,杨伟宾.习近平的人类共同价值思想初探［J］.当代世界与
　　社会主义,2016（2）.

［99］邵发军.习近平“人类命运共同体”思想及其当代价值研究［J］.社会
　　主义研究,2017（4）.

［100］胡子祥,郑永廷.人类命运共同体视阈下的世界梦概念辨析［J］.毛
　　泽东思想研究,2016（3）.

［101］杨胜荣,郭强.论人类命运共同体的价值理想与秩序理念［J］.中州
　　学刊,2017（11）.

［102］易刚,林伯海.共同价值与社会主义核心价值观的关系探究［J］.思
　　想理论教育,2016（7）.

［103］董德刚.关于人类共同价值的几点思考［J］.理论视野,2017（8）.

［104］陈来.中华文明与人类共同价值［J］.山东省社会主义学院学报,
　　2017（2）.

［105］干春松.“各美其美、美美与共”与人类命运共同体［J］.人民论坛·
　　学术前沿,2017（12）.

［106］袁敦卫.论习近平共同价值思想对传统文化的传承［J］.科学社会
　　主义,2016（5）.

［107］虞崇胜,余扬.人类命运共同体:全球化背景下类文明发展的中国
预判[J].理论视野,2016(7).

［108］余品华."人类命运共同体"与马克思主义中国化新飞跃[J].江西
社会科学,2017(9).

［109］韩庆祥,等.人类命运共同体与共同价值[J].社会主义核心价值观
研究,2017(4).

［110］马拥军.对"共同价值"现象的马克思主义诠释[J].毛泽东邓小平
理论研究,2018(3).

［111］肖河.中国外交的价值追求[J].世界经济与政治,2017(7).

［112］虞崇胜,叶长茂.社会主义核心价值观与人类共同价值[J].中共中
央党校学报,2016(2).

［113］孙霄汉.共同价值与中华民族伟大复兴[J].中国社会科学院研究
生院学报,2017(4).

［114］杨家宁."共同价值"与中国国际话语权建构[J].中共四川省委党
校学报,2016(2).

［115］董俊山.构建人类命运共同体的困惑与破解[J].党委中心组学习,
2017(2).

［116］袁祖社.人类"共同价值"的理念及其伦理正当性之思[J].南开学
报(哲学社会科学版),2017(4).

［117］郭海龙,林伯海.对习近平共同价值思想的哲学思考[J].社会主义
核心价值观研究,2016(2).

［118］郁有凯.人类命运共同体的全球化视野:马克思共同体思想指导下
的新解读[J].理论与现代化,2018(1).

［119］张建成."美式民主"输出的"普世价值"质疑:兼论国际关系民主化
的基本原则[J].陕西师范大学学报(哲学社会科学版),2006(6).

［120］陈文旭,易佳乐.作为虚假意识形态的"普世价值"[J].马克思主义
与现实,2017(4).

［121］汪亭友."普世价值"是个伪命题[J].政治学研究,2008(6).

［122］詹小美."一带一路"文明互鉴的关系共演[J].内蒙古社会科学(汉

文版),2016(6).

[123]陈伟光,王燕.共建"一带一路":基于关系治理与规则治理的分析框架[J].世界经济与政治,2016(6).

[124]孙伊然.亚投行、"一带一路"与中国的国际秩序观[J].外交评论,2016(1).

[125]阮宗泽.人类命运共同体:中国的"世界梦"[J].国际问题研究,2016(1).

[126]卫玲."一带一路":新型全球化的引擎[J].兰州大学学报(社会科学版),2017(3).

[127]胡鞍钢,张新.创新发展:国家发展全局的核心[J].中共中央党校学报,2016(2).

[128]李自国."一带一路"愿景下民心相通的交融点[J].新疆师范大学学报(哲学社会科学版),2016(3).

[129]虞崇胜,余扬.人类命运共同体:全球化背景下类文明发展的中国预判[J].理论视野,2016(7).

[130]杨宏伟,刘栋.论构建"人类命运共同体"的"共性"基础[J].教学与研究,2017(1).

[131]王泽应.命运共同体的伦理精义和价值特质论[J].北京大学学报(哲学社会科学版),2016(5).

[132]孙聚友.儒家大同思想与人类命运共同体建设[J].东岳论丛,2016,37(11).

[133]梁树发,李德阳.发展21世纪马克思主义路径的思考[J].思想理论教育导刊,2017(3).

[134]王义桅."一带一路"的中国智慧[J].中国高校社会科学,2017(1).

[135]桑建泉,陈锡喜.人类命运共同体与自由人联合体理论关系新论[J].青海社会科学,2017(6).

[136]丁冰.从奥巴马国情咨文看美国的霸权主义[J].福建论坛(人文社会科学版),2015(8).

[137]张发林.全球金融治理体系的演进:美国霸权与中国方案[J].国际

政治研究,2018(4).

[138]余丽.构建中国和平发展战略 应对美国霸权衰落[J].世界社会主义研究,2017(6).

[139]狄英娜.冷战后"人道主义干涉"与美国霸权[J].思想理论教育导刊,2017(11).

[140]何自力.美国发动贸易战凸显其霸权主义本质[J].红旗文稿,2018(17).

[141]杨玲玲.美国霸权主义的演变过程[J].理论导报,2014(12).

[142]刘进田.论人类命运共同体的价值主体结构、哲学建构方法及其意义[J].观察与思考,2017(11).

[143]于沛.从大历史观看人类命运共同体[J].求是,2019(3).

[144]刘书林.从反封锁到构建人类命运共同体——新中国对外开放战略的历史演进[J].理论与评论,2018(4).

[145]陈翔.负责任大国:中国的新身份定位[J].世界经济与政治论坛,2016(6).

[146]徐崇温.中国道路的国际影响和世界意义[J].毛泽东邓小平理论研究,2018(1).

[147]刘同舫.构建人类命运共同体对历史唯物主义的原创性贡献[J].中国社会科学,2018(7).

[148]罗坚毅,等.中国对世界经济增长贡献率的研究——基于1996—2016年数据分析[J].经济学家,2017(12).

[149]陈锡喜.什么不是马克思主义——教条主义话语还是马克思主义核心观点的辨析[J].探索与争鸣,2014(9).

[150]张雷声.唯物史观视野中的人类命运共同体[J].马克思主义研究,2018(12).

[151]桑建泉.十八大以来国内学界"人类命运共同体"思想研究述评[J].社会主义研究,2018(1).

[152]桑建泉,李国泉.论新时代全面从严治党的科学思维[J].中州学刊,2018(1).

[153]Patricia Springborg. Hobbes and Schmitt on the name and nature of Leviathan revisited[J]Critical Review of International Social and Political Philosophy，2010 (2-3).

[154]Zhang Yunling. China and its neighborhood：transformation，challenges and grand strategy[J]. International Affairs,2016(4).

报纸类：

[1]李寒芳.习近平会见梁振英崔世安[N].人民日报,2013-3-19.

[2]习近平.共同维护和发展开放型世界经济——在二十国集团领导人峰会第一阶段会议上关于世界经济形势的发言[N].人民日报,2013-9-6.

[3]习近平.守望相助,共创中蒙关系发展新时代——在蒙古国国家大呼拉尔的演讲[N].人民日报,2014-8-23.

[4]习近平.推动创新发展　实现联动增长——在二十国集团领导人第九次峰会第一阶段会议上的发言[N].人民日报,2014-11-16.

[5]习近平.加快实施自由贸易区战略　加快构建开放型经济新体制[N].人民日报,2014-12-7.

[6]习近平.在全国政协新年茶话会上的讲话[N].人民日报,2015-1-1.

[7]习近平.迈向命运共同体　开创亚洲新未来——在博鳌亚洲论坛2015年年会上的主旨演讲[N].人民日报,2015-3-29.

[8]习近平.坚持以扩大开放促进深化改革　坚定不移提高开放型经济水平[N].人民日报,2015-9-16.

[9]习近平.携手构建合作共赢新伙伴同心打造人类命运共同体——在第七十届联合国大会一般性辩论时的讲话[N].人民日报,2015-9-29.

[10]习近平.中华民族一家亲　同心共筑中国梦[N].人民日报,2015-10-1.

[11]习近平.共倡开放包容　共促和平发展——在伦敦金融城市长晚宴上的演讲[N].人民日报,2015-10-23.

[12]杜尚泽,高石.习近平出席伊朗核问题六国机制领导人会议[N].人民日报,2016-4-2.

[13]习近平.在庆祝中国共产党成立95周年大会上的讲话[N].人民日报,2016-7-2.

[14]彭波.习近平总书记会见中国国民党主席洪秀柱[N].人民日报,2016-11-2.

[15]习近平.共担时代责任共促全球发展——在世界经济论坛2017年年会开幕式上的主旨演讲[N].人民日报,2017-1-18.

[16]习近平.共同构建人类命运共同体——在联合国日内瓦总部的演讲[N].人民日报,2017-1-20.

[17]习近平.携手推进"一带一路"建设——在"一带一路"国际合作高峰论坛开幕式上的演讲[N].人民日报,2017-5-15.

[18]习近平.深刻认识马克思主义时代意义和现实意义 继续推进马克思主义中国化时代化大众化[N].人民日报,2017-9-30.

[19]习近平.决胜全面建成小康社会 夺取新时代中国特色社会主义伟大胜利——在中国共产党第十九次全国代表大会上的报告[N].人民日报,2017-10-28.

[20]习近平.以时不我待只争朝夕的精神投入工作 开创新时代中国特色社会主义事业新局面[N].人民日报,2018-1-6.

[21]习近平.在第十三届全国人民代表大会第一次会议上的讲话[N].人民日报,2018-3-21.

[22]赵超,安蓓.习近平在推进"一带一路"建设工作5周年座谈会上强调 坚持对话协商共建共享合作共赢交流互鉴 推动共建"一带一路"走深走实造福人民[N].人民日报,2018-8-28.

[23]习近平.携手共命运 同心促发展——在二〇一八年中非合作论坛北京峰会开幕式上的主旨讲话[N].人民日报,2018-09-04.

[24]习近平.共建创新包容的开放型世界经济——在首届中国国际进口博览会开幕式上的主旨演讲[N].人民日报,2018-11-6.

[25]王毅.携手打造人类命运共同体[N].人民日报,2016-5-31.

［26］中共中央组织部.中国共产党党内统计公报［N］.人民日报,2021-7-1.

［27］赵可金.从"国际社会"到"人类命运共同体"［N］.北京日报,2017-2-20.

［28］韩庆祥,陈远章.人类命运共同体与中华新文明［N］.学习时报,
  2017-6-26.

［29］卢黎歌,隋牧蓉."人类命运共同体"思想助力实现中国梦［N］.中国
  教育报,2017-6-29.

［30］本报编辑部.汶川震痛,痛出一个新中国［N］.南方周末,2008-5-22.

［31］王义桅."人类命运共同体"新理念三解［N］.北京日报,2017-2-6.

［32］刘同舫.人类命运共同体的价值超越［N］.光明日报,2017-9-23.

［33］欧阳康.人类命运共同体的时代意义［N］.解放日报,2017-10-13.

［34］项久雨.莫把共同价值与"普世价值"混为一谈［N］.人民日报,
  2016-3-30.

［35］陈锡喜.深刻理解"21世纪马克思主义"［N］.中国教育报,2017-6-15.

［36］姜义华.构建我们自己解释历史的话语体系［N］.人民日报,2015-2-4.

［37］中华人民共和国宪法修正案 1993 年 3 月 29 日第八届全国人民代
  表大会第一次会议通过［N］.人民日报,1993-3-30.

［38］周翱,等.守卫和平 守望幸福［N］.人民日报,2018-10-10.

［39］邹广文.人类命运共同体意识的文化关切［N］.光明日报,2016-9-24.

［40］本报评论员.推动构建人类命运共同体的重要实践平台——论学习
  习近平总书记在推进"一带一路"建设工作五周年座谈会重要讲话
  ［N］.人民日报,2018-8-28.

［41］盛来运.经济运行稳中有进 转型发展再展新篇［N］.人民日报,
  2019-3-1.

［42］于洪君.坚定走好开放发展之路［N］.人民日报,2019-2-19.

［43］韩震.不断深化中国价值哲学研究［N］.人民日报,2019-3-18.

电子文献类：

［1］沿着有中国特色的社会主义道路前进［EB/OL］(2011-9-6)［2021-12-28］.
  http://cpc.people.com.cn/GB/64162/64168/64566/65447/4526368.html.

［2］中国的和平发展白皮书［EB/OL］（2011-9-6）［2021-12-28］. http：//
politics. people. com. cn/GB/1026/15598619. html.

［3］关于建国以来党的若干历史问题的决议［EB/OL］［2021-12-28］. http：//
cpc. people. com. cn/GB/64162/64168/64563/65374/4526448. html.

［4］中共中央关于经济体制改革的决定［EB/OL］［2021-12-28］. http：//
cpc. people. com. cn/GB/64162/64168/64565/65378/4429522. html.

［5］中国共产党章程（十七大部分修改通过）［EB/OL］（2012-09-04）［2021-12-
28］. http：//guoqing. china. com. cn/2012-09/04/content_26423483. htm.

后　记

　　拙作即将出版之际,心中感慨万千却难全部付诸笔墨,谨将感激之言择要而叙。需要说明的是,拙作与我近期发表的相关论文有所呼应,然疏漏之处在所难免,欢迎学界同仁的批评与进一步交流。

　　感谢我的博士生导师陈锡喜教授,先生对拙作的完善提出了诸多宝贵建议,先生治学严谨、平易近人的崇高风范将令我受益终身。

　　感谢浙江大学马克思主义学院对拙作出版的大力支持。

　　感谢我的爱人,感谢我的家人,他们的支持令我拥有相对宽松的学习和工作环境。

桑建泉

2022 年 2 月于杭州